Les Éditions des Intouchables bénéficient du soutien financier de la SODEC et du Programme de crédits d'impôt du gouvernement du Québec.

Nous remercions le Conseil des Arts du Canada de l'aide accordée à notre programme de publication.

Nous reconnaissons l'aide financière du gouvernement du Canada par l'entremise du Programme d'aide au développement de l'industrie de l'édition (PADIÉ) pour nos activités d'édition.

ASSOCIATION NATIONALE DES ÉDITEURS DE LIVRES Membre de l'Association nationale des éditeurs de livres.

LES ÉDITIONS DES INTOUCHABLES
4701, rue Saint-Denis
Montréal, Québec
H2J 2L5
Téléphone: 514-526-0770
Télécopieur: 514-529-7780
www.lesintouchables.com

DISTRIBUTION: PROLOGUE
1650, boulevard Lionel-Bertrand
Boisbriand, Québec
J7H 1N7
Téléphone: 450-434-0306
Télécopieur: 450-434-2627

Impression: Marquis imprimeur inc.
Maquette de couverture et infographie: Marie Leviel
Révision, correction: Élyse-Andrée Héroux et France Lafuste
Photographie de la couverture: Mathieu Lacasse

Dépôt légal: 2009
Bibliothèque et Archives nationales du Québec
Bibliothèque nationale du Canada

ISBN: 978-2-89549-352-5

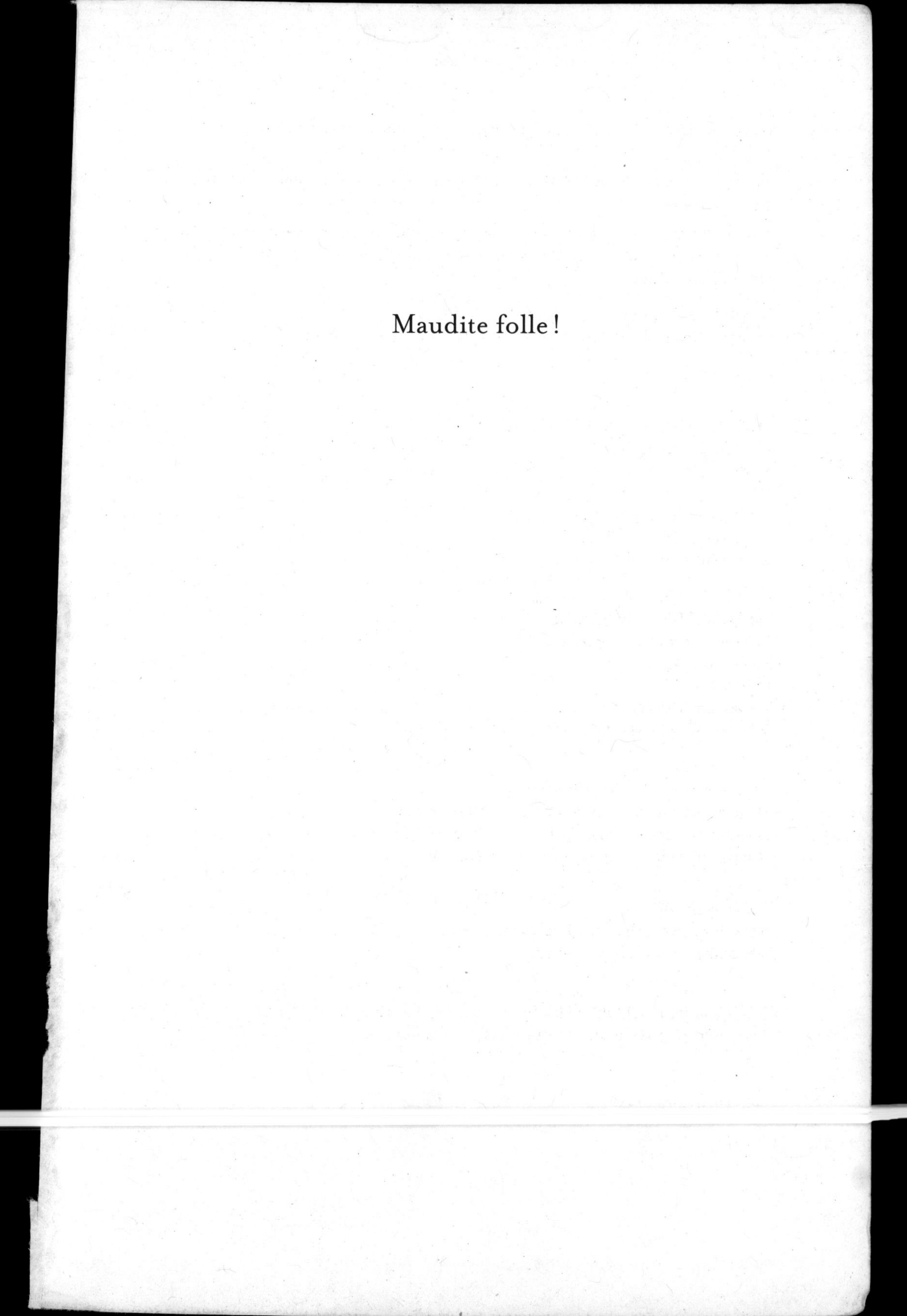

Maudite folle !

Maudite FOLLE !

VARDA ETIENNE

Propos recueillis par Christine Ouin

Je dédie cet ouvrage à mes trois enfants que j'aime plus que tout au monde. Ils sont pour moi une grande source d'amour, d'inspiration et d'espoir. Ils m'acceptent telle que je suis, avec mes forces et surtout mes faiblesses. Pour eux, je ne suis pas une « maudite folle » bipolaire... Je suis maman, tout simplement. Je vous aime.

Table

Moi

Les autres

Elle

Remerciements

Je voudrais remercier Christine Ouin, ma coauteure, qui fut ma complice, ma confidente, mon amie tout au long de la rédaction de ce livre. Merci pour les fous rires, mais surtout pour m'avoir écoutée, épaulée, encouragée, soutenue sans jugement.

À Hubert Mansion, mon ami, mon grand frère. Merci pour tes judicieux conseils, ton écoute attentive, ta patience et ta grande générosité. Tu es un homme extraordinaire et je me sens privilégiée de t'avoir dans ma vie.

À Michel Brûlé, mon éditeur. Merci pour ta confiance et surtout... pour ta patience. Merci aussi à toute l'équipe des Intouchables.

Merci également à mon psychiatre, Dr D., qui me suit depuis des années, en qui j'ai une confiance absolue et qui m'a aidée à accepter ma maladie. « La normalité n'existe pas, madame Etienne, dit-il. Je vous jure qu'un jour, vous irez bien, et je serai toujours là pour vous aider. »

Merci à Patrick Boucher et à Michel Dubeau de la police de Roussillon pour leur gentillesse et leur discrétion.

Merci à mes amis, les vrais, ceux qui font partie de ma vie depuis toujours et qui ne m'ont jamais quittée malgré les montagnes russes étourdissantes que je leur ai fait subir.

Merci à tous ceux et celles qui furent dans ma vie pour une saison ou pour une raison. Grâce à vous, j'ai beaucoup appris.

Et à tous ceux et celles qui sont atteints de maladie mentale, quelle qu'elle soit. Courage. Soignez-vous et vous aurez le dessus.

VARDA

Moi

Chapitre I

– Maudite folle !

La porte claque. Il est parti, pour la énième fois ! Je suis seule. La colère, irrépressible, monte. Ça y est, une autre crise qui se pointe, celle-là va être grave, je le sens. Mon corps tremble de haut en bas, mon sang palpite dans mon cou, dans mes bras, je transpire, je grince des dents. Une envie de meurtre me dévore. « Je vais le tuer. Il doit mourir. C'est un salaud. Il m'abandonne encore. Je n'en peux plus. Je vais le tuer. »

L'angoisse m'étreint. Mon cœur cogne violemment. J'écrase ma cigarette dans le cendrier en me brûlant. Je hurle de douleur et de rage. J'ai envie de détruire. J'ai envie de faire mal. Je prends le cendrier. Je le lance à travers la pièce. Il se brise en mille morceaux contre le mur, je marche dessus et me blesse, mais je ne ressens rien. J'appelle Daniel. Son téléphone est sur la messagerie, le fils de pute ! Je traverse la pièce en renversant une chaise. Je donne un grand coup de pied dans la porte. Je gravis les marches de l'escalier à toute allure. Je rappelle Daniel. Encore la messagerie. La haine me submerge. Je lui laisse un message :

– Espèce de salaud, pute, je vais te tuer, enfant de chienne !

Il faut que je casse quelque chose. Je redescends l'escalier, je le remonte. Je suis complètement étourdie. Une image m'obsède. Je vais lui passer ma voiture sur le crâne, à ce tas de merde. Lui éclater la tête avec la batte de baseball, le matraquer. Il me trompe, le salaud ! Comment ose-t-il, moi qui l'aime comme une folle, qui lui ai tout donné ? Quel ingrat ! Mais il ne me quittera pas. Je préfère le tuer. Si je ne peux pas l'avoir, personne ne l'aura, c'est clair. Je redescends à la recherche de la batte. Je le rappelle, c'est encore la messagerie. Je hurle dans le téléphone :

– Je vais faire exploser ta baraque, enculé !

Je frappe ma tête violemment contre les murs, je m'empare d'un couteau de boucher qui traîne sur le comptoir et le contemple.

– Je vais m'ouvrir les veines, c'est ça… Il va y avoir du sang partout, je vais mourir au bout de mon sang. On va trouver mon corps dans quelques jours et Daniel le regrettera, bien fait pour lui. Il pense qu'il est mieux sans moi ? Il croit que c'est facile d'élever deux enfants en bas âge sans leur mère ?

Je regarde le couteau encore une fois, je le glisse lentement sur mes poignets, mais je suis incapable d'enfoncer la lame. J'entends cependant toujours cette voix qui me dit : « Vas-y, enfonce la lame, t'es capable ! »

Je me frappe la tête encore une fois sur le plancher de céramique quand une autre voix me dit : « Et tes enfants, ma chérie, as-tu pensé à eux ? Ils sont si jeunes, ils ont besoin de toi, ils seront traumatisés pour le reste de leur vie. »

J'ai la tête qui tourne, je fais les cent pas dans la cuisine. Soudain, la colère et la rage me submergent.

– Qu'il crève, je m'en tape !

Je vais mettre le feu à cette cage dorée. Je cherche des allumettes dans la cuisine. L'idée que je suis cocue m'obsède.

Ce matin, au déjeuner, il ne portait pas son jonc. Il me trompe, j'en suis sûre. Hier, il n'est pas allé travailler, il était sûrement avec une fille. Comme il voulait la baiser, il a enlevé son jonc pour faire croire qu'il n'était pas marié. Espèce de trou du cul. Je suis cocue. Je vais le quitter. Mais je vais d'abord le lui faire payer, à ce salopard.

Je remonte les escaliers à toute allure. J'entre dans la chambre. J'ouvre violemment les portes du placard. Je vais partir, il me trompe, je vais le quitter. Je prends ma valise et la jette sur le lit. J'attrape quelques vêtements et les fourre dedans. Je vois ses chemises. Je les arrache de leurs cintres. La fenêtre est grande ouverte. Je les jette dehors. Elles flottent dans l'air comme des papillons, je m'esclaffe. De toute façon, c'est moi qui lui achète ses vêtements, je peux bien en faire ce que je veux. Je flanque ses vestes par terre. Je redescends à la cuisine. Les ciseaux, voilà ce qu'il me faut. Je fonce dans l'escalier, cellulaire à la main. Je le rappelle. Sa boîte vocale, encore. Quand il fait l'amour, il ferme son cellulaire.

– Je vais te laisser, trou du cul, je vais te ruiner, tu vas te retrouver dans une sale merde. Je vais prendre les enfants, je vais me sauver avec eux, tu ne les verras plus, ça va être ta mort, trou du cul.

Je sais qu'il veut m'abandonner. Il va partir cette fois, c'est sûr. Dans la chambre, je prends ses chemises, les découpe, les déchire.

J'ai la rage. Le lâche! Je me lève. Je ne tiens pas en place. Je descends les marches quatre à quatre et me précipite dans la salle de lavage. Je saisis la bouteille d'eau de Javel et je remonte en courant dans la chambre. J'arrache des tiroirs ses pyjamas, ses caleçons, je les arrose d'eau de Javel. Il n'a que ce qu'il mérite, ce pourri. Il va en prendre plein la gueule. Ses mots, ce matin, quand je lui ai demandé où était sa bague, me martèlent le cerveau:

– Chérie, ce n'est pas ce que tu crois. Je suis allé faire du sport. Non, je ne te trompe pas. Ne hurle pas. Il faut penser aux enfants. Tu vas te calmer. S'il te plaît, chérie. Calme-toi. Tu es en crise, là.

Alors là! Les mots qui tuent… «Tu es en crise…» Je découpe furieusement le tissu. J'attrape une bouteille de vernis à ongles et la renverse sur les vêtements. Puis une autre. Et encore une autre. Je rappelle sa boîte vocale:

– Espèce de merde. Tu n'es pas psychologue, tu n'es pas psychiatre, tu n'es pas thérapeute. Mais qui es-tu, fils de pute, pour oser me dire que je suis en crise? Tu n'étais rien avant de me connaître. Une merde.

Il ne va pas me quitter ni m'abandonner. Non. C'est moi qui vais partir. Mais avant, il va subir ce qu'il mérite. Je redescends à toute allure dans la cuisine et prends deux grands sacs-poubelles. Je remonte le plus vite possible. J'y enfourne tous ses vêtements découpés en morceaux, déchirés, salis de vernis, décolorés à l'eau de Javel. Je sais où il est: au bureau, puisqu'il est le directeur. Il n'a pas le choix, il y est, c'est obligé.

Je me précipite dans la voiture vêtue de mon pyjama, sans chaussures. Je démarre sur les chapeaux de roues. Je roule à 150 kilomètres à l'heure. Personne ne m'arrête jamais de toute façon. Je me sens plus grande que Dieu. Je suis persuadée d'être invincible. À une intersection, je ralentis à peine, un type me coupe la route pour s'arrêter un peu plus loin. La rage me rend folle. Je stoppe la voiture en emboutissant presque la sienne, j'en descends et je me dirige au pas de charge vers son véhicule. Le type est en train d'éteindre le moteur. J'ouvre la portière, je l'attrape par son vêtement et je l'extirpe de son siège. J'ai l'impression de posséder une force colossale. Je hurle:

– Heille, l'imbécile, tu l'as pris où, ton permis de conduire?

Il me regarde, ahuri, sans dire un mot.

– T'es chanceux que mes enfants ne soient pas dans la voiture, sinon je t'aurais crevé l'œil avec ma clef!

Je le lâche et je balance des coups de pied dans sa voiture. Il reste pétrifié. Je repars. L'autre trou du cul m'attend, il va voir qui je suis, lui aussi. J'arrive près du bureau de Daniel, je descends la vitre. Je jette ses vêtements par la fenêtre en hurlant et en riant. Le poste de police est juste à côté, mais je m'en fous. Je me gare derrière l'immeuble, je continue à semer du linge partout. J'entre en sueur dans son bureau, il est en comité de gestion. Sa secrétaire m'arrête.

– Varda, s'il vous plaît, Daniel est en *meeting* de direction...

– Ta gueule, connasse, de quoi j'me mêle ?

– Varda, s'il vous plaît, calmez-vous. Vous n'allez pas bien, ça se voit.

– Bon, une autre qui se prend pour mon psy ! T'es secrétaire, pas psychiatre !

Je la pousse violemment.

– Il est où, mon enfant de chienne de mari ?

J'ouvre la porte de son bureau, il n'est pas là. Furieuse, je le cherche dans les autres pièces. Finalement, j'entre dans la salle de conférence. Ses collègues se figent, pas un ne bouge. Je lui balance le reste du contenu des sacs-poubelles à la figure. Il me dit quelque chose, il tente de me calmer, embarrassé. Je ne l'entends pas, je ne comprends pas. Je n'aime pas ce que je vois dans ses yeux. Je veux lui faire mal. Le détruire. Je fais demi-tour, je reprends ma voiture. La sienne est dans le stationnement, je l'ai vue en arrivant. La mienne est rutilante, elle sort de chez le concessionnaire. Mais je m'en fous. Je m'en fous. C'est tellement fort. Je démarre et je lance ma Mercedes contre son auto. Le bruit est fracassant. Sa Volvo est toute cobie. C'est bien fait pour sa gueule. Il a ce qu'il mérite. Qu'il appelle donc les policiers, je les attends, pas de problème, cela ne m'effraie pas. Il devrait plutôt remercier le Seigneur de ne pas encore être mort. Je voulais seulement lui parler et il n'a pas voulu m'écouter. Ah ! Il me dit que je suis malade mentale ! Il n'a que ce qu'il mérite, et il ne me mérite pas. D'ailleurs, je vais l'appeler, moi, la police.

Je recule ma voiture et je démarre pour me rendre à l'hôtel. Je compose le 911.

– Service de police, quelle est votre urgence ?

– Écoutez, voilà, il y a eu un accident dans le stationnement du 957, rue Provencher, c'est moi qui l'ai causé. Je suis rentrée dans la voiture de mon conjoint.

Mon ton est arrogant.

– Attendez, madame. Êtes-vous en état d'ébriété ?

– Mais pas du tout.

– Vous êtes sous l'effet de quelque chose ?

– Non, absolument pas.

– Donc, vous avez fait quoi ?

– Mon mari me trompe et il refuse de me répondre au téléphone, alors j'ai foncé dans sa voiture. Venez me récupérer, il n'y a pas de problème, je me rends chez moi, je vous attends.

Je raccroche au nez du policier.

Je continue de rouler comme une folle. Le policier me rappelle quelques minutes plus tard :

– Madame, votre conjoint vient tout juste d'appeler au poste pour nous faire part de la situation…

– Il vous a appelés, quel lâche !

– Madame, vous avez embouti sa voiture, il pourrait déposer une plainte contre vous…

– Ben qu'il essaie pour voir ! Je suis sa femme, la mère de ses enfants et il me trompe ! Ça lui apprendra. Est-ce qu'il veut porter plainte ?

– Non…

– Alors, foutez-moi la paix et allez donc arrêter des vrais criminels !

Malgré les apparences, je commence à paniquer et je décide de ne pas rentrer chez moi par peur d'être arrêtée. J'éteins mon cellulaire pour que personne ne puisse me joindre. Je fonce vers le centre-ville de Montréal, direction Hôtel Sofitel. Dans la chambre, je commande du champagne. Je m'installe comme une diva. Je bois, je fume cigarette sur cigarette. La bouteille est déjà vide, je me sens complètement étourdie.

Le calme revient maintenant. Je pense à Daniel et je m'en veux… à mort. J'ai honte, je veux disparaître. Je tolère mal l'alcool, je n'ai pas l'habitude de boire, mais je fais monter une autre bouteille dans la chambre. Je commande un somptueux repas auquel je ne touche pas. Je suis vidée, épuisée. Je bois afin d'oublier. Je balance le contenu de mon sac par terre. Je trouve ma boîte de pilules de Séroquel. Cinq feront l'affaire. Je bois encore. Je m'écroule. Je pleure toutes les larmes de mon corps. Le mélange d'alcool et de médicaments me rend complètement léthargique, j'adore. Finalement, je m'endors après avoir vomi mes tripes sur le tapis.

Le lendemain matin, dès six heures, j'appelle le thérapeute qui nous suit, Daniel et moi, depuis deux semaines. Il me donne rendez-vous le soir même à la maison pour une rencontre ; Daniel est aussi convié.

Même jour. Après-midi. Je suis chez Chanel. Chez Armani. Je dépense 40 000 balles en argent comptant que j'ai dissimulées dans des sacs d'épicerie. Faire tous ces achats me donne des palpitations. J'ai la chair de poule. Je sors des boutiques avec cinquante paquets.

J'arrive à la maison, j'entre en claquant la porte. Daniel est au salon. Il est d'un calme olympien. Ça m'horripile. Il ne savait même pas si j'étais morte ou vivante, mais il est calme. Immédiatement, je lui saute dessus, je suis sur lui, je crie. Je le provoque :

– Je vais te ruiner, je vais te prendre tout ton argent. Je connais ton NIP, pauvre imbécile. Je vais transférer tout ton fric dans mon compte bancaire.

Il sait que je suis une excellente détective. Je trouve tous les mots de passe de cellulaire, de banque. Son NIP, rien de plus facile, c'est le même que le code d'accès de son cellulaire. Daniel est un crétin fini, il emploie le même pour tout. J'ai passé neuf heures là-dessus, à composer sans interruption des numéros à quatre chiffres, en commençant par 0001, 0002... Pendant des heures, le téléphone m'a répété : « Ceci n'est pas le bon code d'accès. » Puis, à quatre heures du matin, j'ai entendu : « Vous avez trois nouveaux messages. » *My God !* Bingo !

C'en est trop pour Daniel. Il pète sa coche. Il me saisit à la gorge. Je le gifle. Je le frappe. Nous nous battons. Des coups de pied, des coups de poing. Daniel appelle la police. Il me dit :

– Écoute, je n'en peux plus, je suis épuisé, anéanti. Ta maladie a des répercussions sur nos enfants, mais aussi sur mon boulot maintenant. Je m'en fais tout le temps. Dès que je passe seulement quelques heures sans avoir de tes nouvelles, je me demande si tu as foutu le feu à la baraque, si tu t'es pendue dans le garage ou si tu t'es ouvert les veines. Je dois me préoccuper de nos deux enfants et de toi. Constamment. Je n'ai jamais la conscience tranquille, c'est invivable. Je craque, c'est trop pour moi.

La police arrive très vite, comme toujours. Ce sont des habitués de la maison. Daniel est excédé, il n'en peut vraiment plus. Il décide de porter plainte contre moi cette fois, pour voies de fait. Le policier m'informe qu'il va m'arrêter. Alors, je porte plainte aussi. Daniel m'a frappée. Il mesure plus de six pieds et pèse deux cent quarante livres, et puis, en matière de violence conjugale, les policiers sont plutôt enclins à avoir de la sympathie pour les femmes. Le policier nous explique qu'il y a plainte croisée et qu'il nous arrête tous les deux. Nous montons chacun dans une auto de patrouille différente. Au poste, on nous enferme chacun dans une cellule. J'appelle immédiatement mon ami avocat. Je lui raconte ce que ce fils de pute m'a fait. Mon ami comprend fort bien. Il entend que Daniel m'a frappée, un point c'est tout. Il demande à parler à un policier :

– Ma cliente est atteinte de maladie mentale. Cela n'a aucun sens de la garder enfermée. Appelez son psychiatre pour qu'elle ait une rencontre d'urgence avec lui.

Je demeure néanmoins en cellule pendant trois heures qui me paraissent interminables. Je deviens complètement folle. La pièce est toute petite, je suis enfermée sous l'œil des caméras, en compagnie du bol de toilette. Comme dans les films. Je me sens comme un animal sauvage en cage. J'ai des étourdissements, j'ai des pertes de sang, des nausées, et là, ça monte. Je balance des coups de pied dans la porte de la cellule et je crie pour qu'on me laisse sortir. J'entends la voix de Daniel qui parle aux policiers, dans la cellule voisine. Je me dis : « Je ne peux pas croire qu'il m'a fait arrêter, je suis la mère de ses enfants, je suis sa femme, il va me le payer, je vais le faire tuer, c'est sûr. » Je ne pense plus qu'à ça : « Je vais le faire descendre, je vais le faire descendre ! Il est allé trop loin. »

On nous libère. On interdit à Daniel de revenir à la maison, et il n'a plus le droit de m'approcher. On nous impose une interdiction de communiquer. En cas de bris de ces conditions, on nous remettra en prison. Je ne peux plus user de menace, ni de chantage, ni de harcèlement avec Daniel, comme je l'ai toujours fait, sinon je vais retourner en taule. La police escorte Daniel jusqu'à la maison où il prend tous ses effets, enfin, ce qu'il en reste. Il met ses affaires dans son camion et s'en va. Il n'y a plus rien de Daniel dans la maison. La folie m'envahit de nouveau. Je crie, je hurle, je casse tout ce que je trouve. Je ne peux pas l'appeler ; si je le fais, il va prévenir les policiers et ils m'arrêteront !

À deux heures du matin, je ne dors toujours pas. J'appelle ma copine :

– Françoise, dans l'état où je suis, je suis inapte à m'occuper de mes enfants. La nounou est là, alors je m'en vais. Sinon, je vais tuer quelqu'un.

– Mais ta nounou ne conduit pas ! Il faut emmener les enfants à l'école demain !

– Je m'en fous.

Je repars à l'hôtel. Heureusement, Françoise est mon amie et elle connaît ma maladie, sa mère en souffre aussi. Elle vient chercher mes enfants et les emmène chez elle. Mon besoin de parler à Daniel est tellement fort que je suis prête à faire n'importe quoi. J'appelle Françoise et la supplie de téléphoner à Daniel. Je veux qu'elle lui dise que c'est elle qui s'occupe de nos enfants. Elle accepte. Daniel ne répond pas. Elle lui envoie un message-texte. Il finit par se présenter chez elle, le visage couvert des égratignures que je lui ai infligées.

Pendant ce temps, je me rends au poste de police et je retire ma plainte contre lui. Les policiers ne manifestent pas d'étonnement. Comme toujours, ils sont très polis et gentils et me répètent que je dois les appeler en cas de besoin. Mais Daniel refuse de retirer sa plainte et retient les services d'un avocat qui est un de ses amis, un homme que je déteste.

Je dois me rendre au travail. Je me sens extrêmement mal, en deux jours j'ai perdu quinze livres, j'ai bu énormément d'alcool et consommé beaucoup de médicaments. Mais je n'ai pas le choix, aussi je m'y présente. Je tremble de tous mes membres.

– Varda ? Est-ce que ça va ?

Je prétends que ma mère est malade et a été hospitalisée. Tout le monde est plein de compassion. Je commence à me trouver détestable, méprisable. À la fin de la journée, je reprends ma voiture. Alors, la voix se met à me parler :

« Tu es un vrai fardeau. Tu es trop lourde. Ton mari ne reviendra pas. Donne la paix aux gens. Disparais. »

La voix est lente, posée, claire, nette. « Jamais tu ne seras en paix avec la salope qui vit en toi. Elle doit mourir, c'est l'unique solution. Tu dois la tuer. »

Impitoyable, elle continue : « Tu te rends bien compte de ce que tu as fait ? C'est épouvantable. »

Je me rends compte, en effet. Je me sens horriblement coupable. Ce que j'ai fait à Daniel me fait trop de peine. Je préfère mourir. Il ne mérite pas tout ça. Je l'adore pourtant. Mais comment pourra-t-il le croire après ça ?

Le rétroviseur intérieur de la voiture m'agresse. J'y aperçois un seul petit morceau de mon visage, mais rien que ça, je ne le supporte pas. Je détourne le miroir.

Je suis incapable d'être une mère normale pour mes enfants. Je suis inutile, nulle, mauvaise. Je ne suis pas digne d'eux, je ne suis pas digne d'être leur mère, ils méritent tellement mieux que moi ! Je rentre à la maison. Je fonce vers l'armoire à pharmacie. Je trouve tous mes comprimés et je les avale.

Je ferme les grands rideaux et je m'écrase sur mon lit. Je me recroqueville, je me roule en boule, comme un fœtus. Je n'entends plus rien. Je tombe dans le coma.

Et je me retrouve en institut psychiatrique.

Chapitre 2

Voilà, je l'ai dit. Je l'ai avoué. Maintenant, tout le monde le sait.

Je suis maniaco-dépressive. Je souffre du « trouble bipolaire ». Je suis folle. Il y a plein de mots pour définir ce que je suis. Mais ces mots, ils veulent dire quoi ? Les gens connaissent très peu cette maladie mentale qui n'est pas suffisamment prise au sérieux. Les psychiatrisés sont des exclus de la société, des marginaux, des incompris. En fréquentant les institutions psychiatriques et les psychiatres, car j'en ai vu beaucoup, j'ai constaté que la plupart des personnes victimes de troubles mentaux vivent ce que je vis et font face à la même incompréhension. En mettant des mots sur des maux, on banalise nos souffrances, mais on ne les mesure pas. On décrit la maladie plutôt que de s'occuper du malade. Savoir ce qu'il ressent, souffrir ce qu'il souffre, aucun dictionnaire ne l'enseignera jamais, et j'ai pensé qu'il fallait que cela s'arrête. Il faut que les gens sachent ce qu'il y a derrière notre flamboyance ; derrière ma grande gueule, mes airs de Naomi chez Chanel, chez Armani. Mais pas seulement moi. Tous les bipolaires du pôle Sud et du pôle Nord, il faut qu'on sache ce qu'ils vivent. Car nous vivons parmi vous, et il y a une forte probabilité pour qu'au moins une personne de votre proche entourage soit victime, sans le savoir, de cette maladie. Un Canadien sur cinq sera touché à un moment de sa vie par un trouble mental.

Je veux éliminer tous les tabous, je souhaite que les gens arrêtent de me juger. Je ne peux plus entendre crier : « Maudite folle ! » Autrefois, quand on me traitait ainsi, cela m'atteignait beaucoup. J'avais honte, je me sentais coupable. Maintenant, j'assume. J'accepte ce que je suis. Mais je ne me définis plus par les insultes des autres, et je ne me condamne pas par leurs jugements. Je peux comprendre que certaines personnes soient effrayées par la maladie ou n'aient pas envie de me côtoyer ni de me connaître davantage. Mais je sais aussi qu'indépendamment de ma maladie mentale et des conséquences qu'elle a eues dans ma vie, je suis fondamentalement une bonne personne, honnête, loyale, dévouée. Ce n'est ni blanc ni noir... C'est métis.

La maladie mentale, peu de gens le savent, c'est d'abord une souffrance physique. J'ai subi des douleurs inimaginables pour une personne saine d'esprit. Ces souffrances m'ont donné envie de sortir de mon être parce qu'elles étaient invivables, au point que me faire frapper par un camion me paraissait moins douloureux.

En période de crise, j'ai des palpitations, des nausées, des tremblements incontrôlés. Mon nez coule, mon visage enfle. J'ai des pertes de sang, de la diarrhée, je suis déshydratée, je perds énormément de poids. Mon corps tout entier n'est plus qu'une torche de souffrance.

Au-delà de cette douleur corporelle, je suis prise de paranoïa aiguë. Je suis persuadée que tout le monde veut m'attaquer, parle de moi, me veut du mal, conspire contre moi. Que je suis suivie et épiée. Qu'on m'enregistre, qu'on me met sur écoute ou qu'on me filme. Le monde entier, du dépanneur au restaurant, se transforme en un gigantesque *Surprise sur prise* où chaque personne veut me piéger, me ridiculiser, me détruire. J'épie les regards et j'analyse les silences. Tout devient un indice de cette conspiration universelle, tandis que la réalité, s'éloignant de minute en minute, se transforme en hypothèse de moins en moins crédible. Scruter les intentions et les attitudes suspectes m'épuise, car je suis obligée de tout cacher par peur des autres. Je ne supporte plus cette machination qui étreint ma gorge jusqu'à ce que je meure asphyxiée d'angoisse. Alors, un dernier sursaut me prend. Je crie, je m'époumone et je casse tout ce qui tombe à portée de ma main. Incapable de rester assise, incapable de rester debout. Je deviens incapable de tout. Je ne suis plus capable de vivre et la seule chose que je souhaite est de disparaître. C'est ça qui me ferait du bien. Je me sens moins que rien. À mon médecin, je dis alors: « Donnez-moi n'importe quoi, faites quelque chose, arrêtez cette douleur, je n'en peux plus, je vais crever. »

J'aurais préféré être atteinte d'un handicap physique grave. Ou de n'importe quelle autre maladie, le cancer par exemple. Si j'étais épuisée par cette maladie, tout le monde comprendrait. On m'apporterait des paroles de réconfort, peut-être des fleurs. Mais quand je suis totalement anéantie à cause de la maniaco-dépression, la seule envie qu'ont la plupart des gens est de me juger. Puis, de s'en aller. Les gens ont bien plus d'empathie pour les cancéreux que pour les gens atteints de maladie mentale. Celle-ci n'est pas visible à l'œil nu et elle est souvent perçue comme de la lâcheté, de la fuite, de la paresse ou de la manipulation. Il existe des médicaments qui soulagent rapidement la douleur physique, mais ceux qui peuvent soulager la souffrance psychologique mettent des semaines, et même des mois à agir. À ceux qui souffrent dans leur corps, on tend la main. À nous, on donne des conseils: « Mets-toi un coup de pied dans le derrière », « Prends sur toi » ou la phrase que je ne peux plus entendre, qui me colle des nausées: « Tu as trois beaux enfants. »

J'aurais donné n'importe quoi pour être « normale ». Savoir ce que c'est que d'être dans la peau de quelqu'un de normal, avoir une pensée normale, des réactions normales. En cas d'abandon, d'échec, de rejet, ne pas forcément percevoir ces situations comme la fin du monde ni souhaiter mourir.

C'est ça que l'on nomme la « bipolarité »: en phase de dépression, plus rien ne compte ou plutôt la seule chose qui compte est d'apaiser la douleur. Je ne pense qu'à mettre fin à mes jours. Mais en phase de manie, plus rien ne compte non plus, parce que je suis au-dessus de tout, j'ai un regard froid et détaché. Je peux faire du mal de façon consciente sans me préoccuper du tout des conséquences. Je n'ai plus de sentiments, tout ce que je veux, c'est parvenir à mes fins de n'importe quelle façon. Quand je descends, je dégringole. Mais quand je monte, je m'envole. La vie, pour moi, ce n'est que des montagnes russes.

Dans le calme plat, je m'ennuie: on dirait que quand tout est normal, la vie pour moi manque de sel. Autant j'appréhende mes crises, autant je n'aime pas la période beige dans laquelle je me trouve entre deux crises, dans cette sorte de vie monotone qui satisfait le monde entier sauf moi. J'ai l'impression que rien ne se produit quand je ne passe pas d'un excès à l'autre. C'est pourquoi je sais que ma maladie mentale m'a aidée à me réaliser en tant qu'artiste et à réussir facilement. Elle me permet de vivre mes émotions intensément, de foncer, de me définir, et je trouve ça extraordinaire. Mes phases maniaques m'apportent une grande créativité. Je suis capable de travailler plusieurs jours de suite sans dormir et sans manger. Et quand je ne peux pas gérer le stress ainsi accumulé, je rentre dans ma bulle, je me raconte des histoires, je m'installe dans un autre monde très sécurisant pour moi, qui est l'autre versant de la même maladie.

J'ai mis vingt ans à accepter le fait d'être malade. Il m'a fallu tout ce temps pas seulement pour le dire, mais pour accepter véritablement cette maladie que je n'ai pas choisie, pas plus que les diabétiques n'ont choisi leur diabète. Qu'elle soit héréditaire ou qu'elle provienne d'un déséquilibre chimique, comprendre la cause n'est qu'une partie du problème. Vivre avec lui, c'est l'autre partie. Mais je ne veux plus me cacher. Je n'ai rien fait de criminel, même si j'ai pu adopter des comportements qui ont frôlé la délinquance. Personne n'est coupable d'être victime.

Dimanche soir. Je m'apprête à ouvrir la porte pour sortir de la maison à la suite d'une nouvelle crise. Parfois, dans une vie, les moments les plus courts sont les plus décisifs. Il suffit d'un regard. Un geste. Un mot. Ce moment est arrivé il y a deux mois. Mais avant de le raconter, il faut que je revienne dans le passé.

Chapitre 3

Dimanche soir, Outremont, trente ans plus tôt. J'ai cinq ans. Ma mère prépare mon sac. Papa va me conduire chez tante Juliette et tante Claire pour que je sois plus près de l'école, le Collège français de Longueuil, pendant la semaine. J'essaie désespérément de me rendre malade physiquement. Si je me rends malade, maman va être obligée de me garder près d'elle, elle ne pourra pas m'envoyer chez mes tantes. Le soleil se couche. Le moment fatidique où on va m'emmener approche. Je me plains de maux de ventre. Je commence à ressentir véritablement des douleurs. J'ai mal au ventre. J'ai mal au ventre. Papa me dit :

– Monte dans la voiture. On t'emmène chez tes tantes.

Je fonds en larmes.

– Ne pleure pas, ma chérie, on va venir te chercher vendredi. Tu verras, la semaine va vite passer.

L'interminable voyage d'Outremont à Longueuil commence. Je suis désemparée. Je me sens abandonnée. J'ai peur que mes parents ne reviennent jamais me chercher. J'ai des palpitations. Je suis anéantie. J'ai l'impression de mourir. On se débarrasse de moi, je suis une merde inutile, un déchet qui doit disparaître.

À cause de ces maux de ventre persistants, mes parents m'emmènent un jour chez une *mambo*, une sorcière vaudou, dans un appartement minable. Cette sorcière me fait mal, elle enfonce profondément sa main dans mon ventre pour en retirer des vers. Elle met les vers dans un bocal à médicaments et me les montre. Ma mère est soulagée qu'on ait trouvé ces vers, car cela explique peut-être mes douleurs. Moi, j'ai la preuve que je suis une poubelle : je suis pleine de vers.

Tout Haïtien a quelqu'un dans sa famille qui pratique le vaudou ou qui côtoie un *ougan* ou une *mambo*, le sorcier et la sorcière du vaudou.

J'ai toujours entendu parler du vaudou par bribes parce que, dans la culture haïtienne, il est extrêmement tabou tout en étant très présent. Le vaudou, originaire de l'ouest de l'Afrique, fait partie des racines des Haïtiens. Pour les gens issus de la classe bourgeoise haïtienne, le vaudou appartient à la classe paysanne, donc ils ne le reconnaissent pas. Cependant, certains d'entre eux le pratiquent en cachette.

Mon père vient d'un milieu extrêmement modeste. Sa mère était encore adolescente et son père, qui était juge de paix à Cap-Haïtien, était beaucoup plus âgé lorsqu'ils se sont rencontrés. Papa n'a pratiquement pas connu son père, il l'a vu une ou deux fois, par erreur, quand quelqu'un lui disait : « Tiens, voilà ton père. » Mon père ne l'admet pas, mais je pense qu'il a souffert du manque de présence paternelle.

La voiture roule toujours vers Longueuil.

– Si tu es bien sage chez tes tantes, on ira au cinéma en fin de semaine. Tu en as envie ?

J'ai envie de rentrer chez moi. Que mes parents me prennent dans leurs bras. Même comme une poubelle qu'on descend dans la rue le dimanche soir.

Comme ma grand-mère avait seize ans à la naissance de mon père, elle l'a confié à une de ses demi-sœurs, donc une tante de mon père, qui était beaucoup plus âgée qu'elle. Cette femme, Mélanie Etienne, vivait seule et ne pouvait pas avoir d'enfant. Elle a adopté mon père, lui a donné son nom de famille et l'a toujours considéré comme son fils. C'était une femme très haute de taille, plus de six pieds, mais elle était aussi très forte, fière, débrouillarde, respectée. Elle avait une peau très noire, ébène. Je n'ai su que très tard que cette femme n'était pas ma grand-mère biologique. J'avais douze ans quand mon authentique grand-mère a appelé papa à la maison, encore une fois pour lui demander de l'argent. Comme je ne reconnaissais pas sa voix, je lui ai demandé qui était à l'appareil. Elle m'a répondu :

– Ta grand-mère.

J'ai dit :

– Ma grand-mère ? C'est impossible. Ma grand-mère Camille est morte, et l'autre, je viens de lui parler.

Inquiète, je suis allée voir mon père en lui disant :

– Papa, il y a une madame au téléphone qui parle créole avec un drôle d'accent et qui tente de me faire croire qu'elle est ta mère !

Le visage de mon père a changé et il n'a pas émis de commentaire. Il est allé prendre l'appel dans sa chambre en fermant la porte derrière lui. Je me suis sentie confuse et abominablement trahie.

Comment se pouvait-il que ma grand-mère que j'adorais ne fût pas ma grand-mère ?

Mon père m'emmène-t-il chez mes tantes parce qu'il n'a pas connu sa mère ? Nous traversons le pont Jacques-Cartier ; le fleuve est comme une frontière d'eau entre ma famille et le reste du monde.

À la seconde où papa a raccroché, je l'ai bombardé de questions. Je le sentais embarrassé, pris au piège. Il m'a installée sur ses genoux en me disant :

– Tu sais, Poupée, maintenant tu es une grande fille et le moment est venu que je t'explique certaines choses.

Mon cœur d'enfant s'est mis à battre très fort. Complètement paniquée, j'ai écouté le récit de mon père sur sa vraie mère.

– C'est pas possible, tu mens. Comment ça, c'est elle ma grand-mère ? Je ne la connais même pas, je ne l'ai jamais vue, pas même en photo. Et ton papa à toi, il est où ?

Pour la première fois de ma vie, mon père adoré a admis qu'il m'avait menti…

Il m'expliqua qu'il considérait sa mère biologique comme une tante. Il se souvenait des étés qu'il allait passer chez elle quand il était enfant, mais pour lui, sa vraie mère était celle qui l'avait élevé, ma grand-mère Mélanie. Celle-ci l'avait éduqué comme un enfant unique, mais de façon stricte, sévère. Il avait reçu des raclées et des coups de ceinture, comme il est d'usage courant en Haïti. Cependant, ma grand-mère l'idolâtrait. Elle lui avait inculqué le respect des femmes, les bonnes manières, le goût du beau et l'importance d'une bonne instruction.

Nous entrons dans Longueuil. Je reconnais le clignotement des enseignes de motel où j'irai me réfugier vingt ans plus tard, lorsque je voudrai quitter le monde.

Ma mère est issue d'une famille haïtienne bourgeoise et intellectuelle. Son père était un comptable respecté. Mes grands-parents maternels sont très clairs de peau, car il y a eu beaucoup de métissage dans la famille. Ma mère a un frère aîné et un frère cadet. Les membres de la famille du côté de ma mère, les Nau, sont très nombreux, au moins une centaine. Mon père les appelle amicalement « la mafia ». Ils sont très proches les uns des autres. Dans la famille de ma mère, c'est ma grand-mère Camille qui représentait l'autorité parentale. Elle était, elle aussi, comme ma grand-mère paternelle adoptive, une femme de caractère, forte, travailleuse, capable de prendre des décisions et très affectueuse. Mon grand-père était un homme doux et soumis, un bon vivant qui n'aimait pas les querelles et adorait ses enfants et ses petits-enfants, et moi particulièrement, sa première petite-fille. Il me gâtait beaucoup, me couvrait de cadeaux et me dorlotait énormément. Leur famille était aimante et équilibrée. À la suite de la mort de ma grand-mère, qui est survenue alors que j'avais huit mois, mon grand-père a passé toutes ses journées assis sur une chaise, le visage entre les mains, à contempler le portrait de sa femme dont l'absence lui était insupportable. Puis, un jour, il est mort de chagrin.

Ma mère a suivi le parcours de tout enfant de la bourgeoisie haïtienne. Elle est allée dans les meilleures écoles d'Haïti et a fréquenté des enfants de bourgeois comme elle puis, quand est venu le moment de poursuivre des études supérieures, elle a été envoyée à l'étranger. À dix-neuf ans, elle est allée au pensionnat de Québec. Si mes parents s'étaient rencontrés en Haïti, ils ne se seraient jamais fréquentés. Mon père est noir foncé, n'est pas issu d'une famille bourgeoise, et il n'avait pas d'argent. Mais parce qu'il était un élève brillant, il est également venu au Québec, soutenu par les efforts surhumains de ma grand-mère Mélanie qui l'a envoyé parfaire sa scolarité à l'étranger.

Il pleut à Longueuil. Il pleut toujours à Longueuil. C'est un microclimat, un mauvais sort ou un signe du ciel. Ou c'est simplement un long œil qui verse une larme, c'est ce que je me dis parce que j'ai envie de pleurer. Plus que dix minutes avant d'arriver.

Mes parents se sont rencontrés à Montréal et ils sont tombés éperdument amoureux l'un de l'autre. Au bout d'un an, ma mère était enceinte de moi. Cette grossesse a provoqué un énorme scandale dans la famille de ma mère, qui réclamait le mariage. Mes parents se sont donc mariés, alors que ma mère était enceinte de six mois.

Pour ma mère, ma naissance fut très difficile, et elle a connu une dépression post-partum très profonde. Elle a eu beaucoup de difficulté à prendre soin de moi. Une nourrice est venue le faire, puis, à peine âgée de six semaines, je fus envoyée en Haïti, dans la famille de ma mère, sur l'insistance de ma grand-mère maternelle. Ce premier abandon de mes parents sera fatal pour moi, et le pont Jacques-Cartier n'est qu'une prolongation du bras qui se tend pour me donner à quelqu'un d'autre, à Longueuil… Ma grand-mère était alors déjà malade, et elle est morte quand je n'avais que quelques mois. Je n'ai aucun souvenir d'elle. Toutefois, je l'ai vue des années après sa mort, juste avant la naissance de ma fille Dahlia.

Un soir, j'ai entendu du bruit dans la chambre que j'avais préparée pour mon bébé. J'avais l'impression que le bruit venait d'une chaise berçante. Je me suis rendue dans la chambre sur la pointe des pieds et j'ai aperçu ma grand-mère, accroupie, en train d'arranger le berceau de Dahlia. Je lui ai dit :

– Ah, maman ! Que fais-tu là ?

– Je ne suis pas ta mère, je suis ta grand-mère Camille. Tu sais, je t'ai beaucoup bercée quand tu étais bébé. Dis-moi, c'est très beau ce que tu as acheté pour ta fille. Comment vas-tu l'appeler ?

– Dahlia.

– Quel joli prénom ! J'ai vraiment hâte de la bercer.

Elle était morte depuis plus de trente ans…

Au sein de la famille de ma mère règne une hypocrisie invraisemblable, c'est l'univers des cachotteries, mais dès qu'il se passe quelque chose d'important, un décès, un mariage ou une naissance, alors tous se rassemblent.

Comme à la naissance de ma sœur. J'ai trois ans. Mes tantes et toute la famille sont venues la voir. C'est l'adulation, tout le monde dit qu'elle est belle. Elle ressemble à ma mère. Moi, je ressemble à papa et j'en suis très fière. Pour ma mère, la naissance de ma sœur est un miracle. Pour papa aussi, il adore les filles. Je déteste ma sœur du plus profond de mon âme. Dès que je le peux, je la pince, je lui donne des coups. J'éprouve une jalousie maladive envers elle. J'ai envie de disparaître, je souhaite mourir. Je vais me cacher dans la salle de bain. Je remplis la baignoire jusqu'au bord, je me mets dedans en entier et j'essaie de me noyer. Je me sens rejetée, je suis très angoissée. J'ai l'impression de ne pas être à ma place, qu'on ne me comprend pas, qu'on ne m'aime pas.

Moi, je m'appelle Varda. Mes cousins s'appellent Georges, Nathalie, Stéphane, Johanne, Patrick. Ma sœur s'appelle Guylaine. Ce sont des prénoms normaux. Personne n'a jamais entendu mon prénom et les gens ont de la difficulté à le prononcer. Il me fait déjà douter de moi-même. Pourquoi m'a-t-on appelée Varda ? Pour me mettre à part des autres ? Je crois que ce prénom me porte malheur. Il me fait me sentir singulière. Petite fille, déjà, j'ai l'impression de ne pas jouer comme les autres, de ne pas réagir comme les autres. Je suis capable d'être furieusement en colère, je pleure beaucoup et je peux être extrêmement méchante quand je me sens rejetée. Je fais des mauvais coups, comme quand je cache les boîtes à lunch de mes copines à l'école, ou leurs manteaux d'hiver. Mes camarades me disent que je suis sale, laide, elles me traitent de *blackie*, de *nigger black*. J'en veux à mes parents parce que je suis Noire.

Quelle horreur que l'enfance !

À onze ans, mes maux de ventre épouvantables me font toujours souffrir. J'ai de la fièvre et des vomissements. Mes parents m'emmènent fréquemment à l'hôpital Sainte-Justine, on me fait passer une batterie de tests, mais les médecins ne trouvent rien. Puisque mes douleurs et ma fièvre persistent, ils décident de me retirer l'appendice, pour constater qu'il est tout à fait sain. Les médecins disent alors à mes parents :

– Ce n'est peut-être pas physique, mais psychologique.

Ma mère se sent extrêmement insultée. Moi, personne ne me demande mon avis.

Pourtant, je le donne depuis le pont Jacques-Cartier, sur le chemin de Longueuil.

À douze ans, comme beaucoup d'adolescentes du même âge, je voue une admiration sans bornes au chanteur Michael Jackson. J'en suis folle, c'est mon idole. J'ai même assisté au concert qu'il a donné au Stade olympique, grâce à ma grand-mère Mélanie qui m'a offert le billet. Chaque millimètre carré de ma chambre est entièrement tapissé d'affiches de lui. On ne voit plus rien des murs. Ces posters ont une énorme valeur pour moi. Un jour, je les distribue à mes copines de classe.

Une de mes copines me demande alors :

– Mais pourquoi me donnes-tu tes photos de Michael Jackson ? Tu l'adores !

– Parce que tu ne me reverras pas.

– Pourquoi ?

– Je vais me suicider, j'en ai marre de la vie.

Ma copine rit.

– T'es vraiment bizarre, toi. T'es pas comme les autres.

– Justement, lui dis-je. Je ne suis pas comme les autres…

Le soir même, j'avale une ribambelle de médicaments. Ce sont les médicaments que ma mère prend pour sa haute pression. Je fais bien attention de les prendre avant le coucher en pensant que, la nuit, personne ne se rendra compte de rien. Le lendemain matin, j'entends « toc, toc » à ma porte et je me réveille. Je suis désespérée d'être encore vivante.

Un autre souvenir m'a beaucoup marquée. J'avais quatre ans. C'était au moment de la mort de mon grand-père, que je vénérais. Je me revois entrer dans le salon funéraire. Mon grand-père est couché dans le cercueil qu'une vitre recouvre. J'ai énormément de peine, mais mon jeune âge ne me permet pas de l'exprimer. Maman est complètement anéantie et est incapable de me donner l'attention dont j'ai tant besoin. Je me dis : « Mais ce n'est pas possible, pas un autre qui m'abandonne ! » Personne ne comprend ma douleur et le vide immense qui m'habite. D'autant que je n'ai pas les mots pour l'exprimer. Personne ne me comprend, je me sens si seule. Je vois mon grand-père sans arrêt, il vient dans mes rêves, il me hante.

Puis un jour, quand j'ai cinq ou six ans, je suis chez mes tantes et je joue dehors à la tague avec mes cousins. Je vois mon grand-père qui traverse la cour. Je le regarde. Il est habillé en blanc ; il porte une soutane, comme un prêtre. Il passe en me souriant, sans dire un mot. J'entre dans la maison, affolée et super contente. Mon grand-père revient ! Mes tantes disent :

– Elle est complètement folle, cette gamine, complètement folle.

Voilà, maintenant il n'y a plus de temps à décompter, plus de pont à traverser. On y est. J'arrive chez mes tantes. Une autre semaine commence, une autre semaine que je passerai loin de mes parents, parce que le collège est trop éloigné de chez nous. Mes cousins, eux, vivent avec leurs père et mère tout le temps. Ils ne sont pas envoyés ailleurs, alors pourquoi est-ce différent pour moi ? Et si mes tantes me mettent dehors, où vais-je aller ? Qui va s'occuper de moi ?

Je rêve du jour où, moi aussi, je passerai la semaine chez mes parents, avec eux. Parfois, en cachette, je téléphone à ma mère après l'école et je la supplie de venir me chercher.

– Manmye, s'il te plaît, viens me chercher, je ne veux pas rester.

– Vendredi, Poupée, vendredi. Papi va venir te chercher et on ira au restaurant.

L'amour des parents pour leur enfant, c'est d'abord, me semble-t-il, la proximité. Comme pour les animaux. Le confort de l'odeur de la mère ou du père, le rituel, les habitudes. Et quand un enfant se sent rejeté, quelque chose de définitif se brise en lui. Peut-être que c'est le sentiment du lien lui-même : soit la faculté de l'attachement, soit, ce qui revient au même, l'angoisse du rejet.

Je raccroche et j'accours auprès de mes cousins.

Vendredi, mon père va venir me chercher et je ne reviendrai plus chez vous. Je vais rester avec mon papa et ma maman.

Mes cousins rient de moi:

– Tu es folle, tu le sais bien que tu vas revenir, tu n'as pas le choix. Tes parents habitent trop loin.

Tous les vendredis à 16 heures, papi vient me chercher et je lui saute dans les bras. Quel soulagement! Enfin, je rentre chez moi. Jusqu'à dimanche soir.

Encore aujourd'hui, j'adore le vendredi et je déteste le dimanche soir.

Chapitre 4

La nausée. J'ai dix ans et toute la famille de ma mère vient de partout, d'Haïti, de Belgique, de Miami, de New York, de Boston, de Chicago, pour la première communion d'une de mes cousines. Nous sommes une quinzaine d'enfants, cousins et cousines, rassemblés dans la maison. C'est la fête.

On joue dans la cour. Le mari d'une de mes tantes par alliance, une bière à la main, me regarde fixement. Ça me fait plaisir. Je suis flattée d'être distinguée des autres filles. Je continue à jouer.

On fête la communion puis, en fin de soirée, on nous envoie nous coucher. La nuit, pendant que je dors avec les autres enfants, l'homme à la bière entre dans la chambre et me réveille. Il me touche les seins, à peine formés. Je sens son odeur près de mon corps. J'ai une sorte de nausée, un dégoût violent qui me paralyse et me rend muette. Il quitte la chambre. Il me fait promettre de ne rien dire à personne. Mais le lendemain matin, quand je l'aperçois au petit-déjeuner, il me sourit. Dégoûtée et honteuse, je me sens salie par son regard, humiliée par son sourire. Je décide de tout raconter à ma tante, mais elle ne me croit pas, m'accuse de vouloir semer la brouille dans la famille et me rejette. Elle appelle ma mère. À mon père, je ne dis rien, parce que j'ai peur de le décevoir.

Depuis, j'ai eu tant d'amants que je ne peux plus les compter, mais j'ai toujours refusé qu'on me touche les seins. Ça me dégoûte.

Vers l'âge de treize ans, mes crises sont de plus en plus fréquentes. Je fais des fugues, je fais l'école buissonnière. Je mens et je sors en boîte, la nuit, en passant par la fenêtre de ma chambre. Je traîne, je parle mal à ma mère que je ne respecte pas. Mes parents ne comprennent pas mes crises et ne savent plus quoi faire. En avril, au cours de l'année scolaire, ils décident de m'envoyer en Haïti chez ma tante Renée. Ma tante est la matriarche de la famille de ma mère. Richissime – elle a gagné son argent à l'époque de Duvalier –, elle est hautaine, snob, suffisante, radine et très respectée. Je la trouve méchante et mesquine. Elle a trois enfants qui ont tous les trois réussi. Un de ses fils, Pierre, est le plus grand orthopédiste d'Haïti et il a épousé la fille d'un des colonels de Duvalier. Ma tante vit dans une maison immense et sublime.

Comme j'arrive en Haïti au cours de l'année scolaire, il est impossible de me faire intégrer l'école, donc je prends des cours de mathématiques chez le voisin de ma tante. C'est un ingénieur très respecté qui a environ soixante-dix ans. Il sait que je suis venue en Haïti pour être réformée parce que j'ai des difficultés avec mes parents, ce qui lui donne le sentiment d'avoir le droit d'abuser de moi. Depuis que je suis arrivée, il n'a pas cessé de me regarder, de détailler mon corps. Dès le premier cours, il me touche et me propose de l'argent pour me faire taire. Je pars en courant pour aller tout raconter à tante Renée qui me traite alors de dévergondée et de pute. Elle me fait comprendre clairement que personne ne veut de moi dans la famille et qu'elle a accepté de rendre service à mes parents, que je dois lui être reconnaissante et surtout éviter de ternir sa réputation ou celle de son voisin qui est un ami proche et très respecté.

Elle décide donc de me renvoyer chez mes parents. En attendant de trouver un billet d'avion, elle m'enferme dans une chambre. J'y reste emprisonnée pendant quatre jours. Parce que j'ai été victime d'un abuseur. Je rentre à Montréal, chez mes parents. Pas pour longtemps.

Je ne me souviens plus de la raison pour laquelle j'ai pris une batte de baseball, puis cassé une vitre de la cuisine. Mais je me rappelle très bien la suite.

Ma mère, d'abord, me dit :

– Attends ton père.

Je l'entends appeler papa au téléphone pour lui raconter la bêtise que j'ai faite.

Quand papa, en rentrant de son travail, ouvre la porte, il m'interpelle aussitôt.

– Votre mère m'a dit que vous aviez besoin d'être corrigée. Allez chercher ma ceinture dans le tiroir.

Quand papa est en colère, il me vouvoie. Cela m'effraie encore plus. J'ai l'impression que cet homme qui me châtie n'est pas mon père.

Je me sauve. Il me rattrape. Il me frappe. Ma mère s'enfuit dans sa chambre et ferme la porte pour ne pas entendre les coups.

J'ai envie de la tuer. Elle m'a dénoncée. J'ai envie de tuer mon père, car il ne veut même pas entendre ce que j'ai à dire et il me bat comme seuls savent le faire les parents haïtiens.

Le lendemain, je suis sous la douche. Papa entre dans la salle de bain, par mégarde, car il est le seul homme de la maison et il est très pudique. J'ai des marques sur le corps. Il les voit et me demande, affolé :

– Mais qu'est-ce que tu as ? Qu'est-ce que tu as sur le corps ?

– Mais papa, tu m'as battue...

La panique envahit son visage. Il réalise à quel point c'est grave et comment il m'a frappée fort. Il s'excuse.

Le lendemain, mon professeur d'éducation physique remarque les traces sur mon corps. Il m'adresse au responsable de la pastorale qui signale mon cas à la Direction de la protection de la jeunesse. Une travailleuse sociale vient me chercher à l'école et me ramène ensuite chez moi. Elle informe ma mère qu'il y a eu abus physique et que je suis retirée de la maison. Ma mère s'effondre dans la cuisine et appelle ses cousines, mes tantes, au téléphone. Je ramasse quelques effets à toute vitesse et je pars, laissant derrière moi ma mère en larmes. On me place dans une famille d'accueil qui habite à quelques rues de chez mes parents. Le deuxième soir, je me sauve pour retourner chez moi, mais les gens de la Direction de la protection de la jeunesse reviennent me chercher pour me ramener dans cette famille.

Mes parents d'accueil sont deux adultes eux-mêmes assistés sociaux qui n'en ont rien à foutre des enfants. Des stéréotypes parfaits, obèses, qui mangent des chips et boivent de la bière toute la journée en fumant des cigarettes devant la télévision. Ils vivent dans un appartement miteux. Nous sommes six enfants placés et nous vivons sous leur toit. Ils ne me posent aucune question concernant ma vie, mais parfois j'entends la dame chuchoter au téléphone les raisons de mon placement. Je l'entends dire qu'une somme supplémentaire sera ajoutée à son chèque mensuel parce que je suis là.

Je me sens complètement seule, désorientée, vendue, abandonnée. L'odeur de la nourriture haïtienne de ma mère, sa voix, celles de mon père et de ma sœur me manquent terriblement. Je téléphone à la maison lorsqu'on m'y autorise et je suis bouleversée par la détresse de ma mère.

– Je ne dors plus et je suis incapable de manger depuis ton départ. Je pleure tout le temps, me dit-elle.

Je ressens la peine de ma mère, qui est palpable au bout du fil.

– Guylaine s'ennuie beaucoup aussi. Tu la connais, elle parle peu, mais je sais que tu lui manques.

– Et papi ?

– Tu connais ton père, Varda… Il est très fâché. La Direction de la protection de la jeunesse et les trucs comme ça, ce n'est pas pour nous, les Haïtiens. D'habitude, on règle ça en famille… On ne voulait pas que tu partes…

– Mais papi m'a battue…

– Je sais, mais…

Elle est incapable de poursuivre la conversation. Elle pleure sans arrêt. Je me sens extrêmement coupable d'avoir foutu le bordel dans la famille. Tout ça est ma faute et mon père ne me le pardonnera jamais.

C'est à cette époque que les signes de dépression font véritablement leur apparition. Je déambule dans les corridors de l'école comme une zombie, la tête baissée, incapable de me concentrer sur mes cours. Mes condisciples me questionnent, certains professeurs aussi. J'ai honte de dire que je ne vis pas chez mes parents. Je tente de trouver un certain réconfort dans la nourriture, je m'empiffre comme un ogre pendant le souper. Comme je suis en famille d'accueil, je n'ai pas le droit d'ouvrir le réfrigérateur ni de manger ce que je veux, quand je le veux, et j'ai faim.

Je partage une petite chambre avec une autre fille, placée comme moi parce que sa mère est en prison pour une affaire de drogue. Un matin de grand froid, elle me propose de m'emmener à l'école avec son oncle qui va venir la prendre en voiture. J'accepte avec joie, cela va m'éviter de me geler au coin de la rue en attendant le bus. Comme on ne va pas à la même école, l'oncle dépose la fille d'abord. Je me retrouve seule avec lui. Il me demande de passer devant. Je m'assois à côté de lui. Mon instinct me dit qu'il va se passer quelque chose… Si seulement je m'étais écoutée ! Quelques minutes après, l'homme pose sa main sur ma cuisse. La panique m'envahit et je repousse sa main sale.

– Qu'ossé que t'as, ma Noire, t'aimes pas ça ?

– Ne me touche pas, t'as pas le droit, j'veux juste aller à l'école, s'il te plaît…

– Tu vas y aller à l'école, inquiète-toé pas.

Encore aujourd'hui, plus de vingt ans après, je me souviens précisément du timbre de sa voix et de l'odeur de son eau de Cologne bon marché.

Il n'est pas agressif, mais il insiste. Il se stationne devant le métro Longueuil.

– S'il te plaît, je voudrais simplement aller en classe…

– Pas d'trouble, ma grande. J'veux pas t' faire du mal.

Il voit que je suis extrêmement mal à l'aise. Mes petites jambes frêles tremblent. Je me sens comme un objet et ça m'humilie. Finalement, il ouvre la portière de la voiture et me remet un billet de 10 dollars en me disant :

– J'peux t'en donner d'autres, si t'es fine. J'peux t'emmener à l'école quand tu veux, j'travaille dans une *shop* pas loin d'icitte.

Alors, je lui dis :

– OK…

Je claque la portière en descendant et j'entre dans la station de métro. En m'asseyant sur un des bancs, je tombe nez à nez avec un de mes professeurs.

– Mademoiselle Etienne, que faites-vous là ? C'est l'heure d'aller en classe.

– Je sais… Je vais y aller.

– Ce n'est pas bien de traîner comme ça dans le métro !

Mon regard est ailleurs, j'entends à peine ce qu'il me dit.

– Est-ce que vous allez bien ? Je peux faire quelque chose pour vous ?

– Oui, oui… Je vais bien.

– Pourquoi avez-vous l'air si confuse ?

– Parce que… rien.

– Alors, venez, l'autobus qui mène à l'école part dans deux minutes.

Je n'ouvre pas la bouche pendant le trajet. Je regarde ma cuisse que je trouve sale, répugnante, dégoûtante.

Le mois suivant, je passe devant le tribunal. La travailleuse sociale soutient que je ne suis pas prête à réintégrer le domicile familial, mes parents tentent de convaincre le juge du contraire. Malheureusement, on décide de me replacer en famille d'accueil. On m'envoie cette fois-ci dans une famille de groupe, composée de jeunes filles. C'est le désespoir. Ma mère s'effondre, mon père tente de la réconforter.

Dès mon arrivée, les autres filles m'accueillent à bras ouverts. Nous discutons des raisons de notre placement. Certaines d'entre elles ont été abusées par leur père ou beau-père, d'autres ont une mère toxicomane, dépressive ou alcoolique, etc. J'aime beaucoup l'ambiance qui règne au sein du groupe mais, rapidement, après quelques jours, ma famille me manque énormément. Je pleure beaucoup, je téléphone à maman sans arrêt qui, elle aussi, sanglote de son côté. Elle tente de me rassurer en me disant que, bientôt, je retournerai à la maison. Mais ce moment ne vient pas, ne vient plus, les jours patinent sur la semaine. Alors, il faut en finir autrement. Un matin, prétextant un violent mal de tête, j'obtiens la permission de ne pas aller à l'école. Quand toutes les autres filles sont parties, je me précipite dans l'armoire à pharmacie, je vide la bouteille d'aspirines et je tombe inconsciente. On me trouve quelques heures plus tard, évanouie sur le sol de la salle de bain. Une ambulance m'emmène à l'hôpital Charles-LeMoyne. J'entends les gens courir. Ils me font ingurgiter du charbon de bois avec du jus d'orange pour me faire vomir les médicaments. Je me sens complètement perdue, incapable d'émettre un son. Je veux simplement mourir. Ma mère, alertée par les services sociaux, se précipite à mon chevet, les yeux remplis de larmes. Elle prend ma main, me parle. Elle répète sans arrêt qu'elle m'aime et qu'elle a peur. Papa vient la rejoindre et il ne dit pas un mot. Mais je vois dans son regard qu'il est complètement bouleversé. Lui, si fier, orgueilleux, sûr de lui, n'est plus qu'un papa désemparé devant la douleur de sa fille.

Depuis ce jour, je suis incapable de sentir l'odeur du jus d'orange. Elle me soulève le cœur, me donne des nausées et me rappelle trop de mauvais souvenirs…

Après cet incident, le psychiatre de l'hôpital suggère fortement à la travailleuse sociale de me laisser réintégrer le domicile familial. Mes parents sont enchantés et moi aussi. Ma mère multiplie les efforts afin de me rendre la vie la plus agréable possible. Mais quelques semaines après mon retour, mon comportement se détériore et les disputes avec mes parents recommencent de plus belle. Ma mère devient ma victime et je suis son bourreau. Je la traite de connasse, de pétasse. Exaspéré par mon arrogance, mon père lève un jour la main pour me frapper. J'agrippe un couteau de cuisine et je lui dis :

– Si tu me touches, je te pique.

Papa est hors de lui. Il m'envoie dans ma chambre. J'arrache les draps de mon lit et je les ajoute aux rideaux pour être dans la noirceur totale. Je pousse une couverture sous la porte pour qu'aucune lumière ne filtre. Je me cache sous le lit. Je délire complètement. J'entends des voix. Cela me terrorise. J'ai l'impression de perdre la tête. Les voix me disent : « Tu mérites ce qui t'arrive. Il faut que tu meures. Tes parents ne veulent pas de toi. »

Papa entre dans la chambre pour m'engueuler encore. Il me trouve dans cet état et décide de me faire emmener d'urgence en ambulance à l'hôpital. Quand les ambulanciers arrivent, ils trouvent maman toujours en pleurs. Papa leur dit:

– Je ne sais plus quoi faire… Je crois que c'est un cas d'urgence psychiatrique.

Le mot est lâché. Pour la première fois, on me traite comme une vraie folle.

Les ambulanciers m'installent sur une civière et m'embarquent. Je ne comprends rien, je n'y vois plus clair. Mes parents suivent l'ambulance en voiture, direction l'hôpital du Sacré-Cœur. On m'emmène directement dans l'aile psychiatrique. On passe une première porte qui se referme derrière nous avant que l'autre ne s'ouvre. Peu à peu, je comprends que j'entre dans un univers fragile que la raison n'habite pas. Je vois des adultes qui se dandinent, rient pour rien, tout seuls, comme dans les films. Je suis complètement paniquée.

Le psychiatre de garde, d'origine haïtienne, est une connaissance de mes parents. Ils lui énumèrent mes différents comportements. Le médecin leur dit:

– D'après ce que vous me décrivez, il semblerait que votre fille soit atteinte de maniaco-dépression sévère. Nous allons la garder sous observation pendant quarante-huit heures.

Ma mère s'effondre en pleurs sur sa chaise. Bouleversé, papa donne son accord.

Alors voilà, me dis-je. Après le millième abandon, après Haïti, après mes tantes, après les familles d'accueil, ils ne sont toujours pas capables de s'occuper de moi. Me voilà de nouveau seule, sans parents, sans amis, et prise en charge complètement…

Mon premier jour en psychiatrie, le lendemain de mon admission, me semble interminable. Le soir, une infirmière me remet des cachets de toutes les couleurs. Sa voix est douce, calme et posée.

– Ça va te faire du bien, tu verras. Tu vas te calmer et bien dormir.

Je hoche la tête en avalant le cocktail de médicaments. Après quelques minutes, je tombe dans un profond sommeil.

Une femme d'une quarantaine d'années partage ma chambre. Elle fume cigarette sur cigarette. Durant la nuit, je sens une brûlure dans mon dos. Ma voisine, prise d'hallucinations, me brûle avec sa cigarette en riant! Je hurle de douleur et un membre du personnel hospitalier fait irruption dans la chambre. Il attrape la femme et la conduit dans une chambre isolée. J'ai mal et je suis incapable de retrouver le sommeil. Je demande la permission d'appeler mes parents, mais on me la refuse. Je tremble, j'ai des palpitations, je crie, je veux sortir de là ! Mais c'est impossible.

Depuis lors, je ne dors jamais sur le ventre.

Mon séjour en psychiatrie dans cet hôpital durera environ deux mois.

Chapitre 5

Mes parents ont beaucoup de difficulté à accepter ma maladie. Ma mère veut que personne ne sache que je suis atteinte de maladie mentale. Elle trouve gênant pour elle que sa fille soit à l'hôpital psychiatrique, elle craint le jugement de son entourage, particulièrement celui de sa famille. Elle préfère raconter que je suis partie en pension afin d'éviter les commérages.

Pour la majorité des Haïtiens de naissance, la maladie mentale dans la famille est inacceptable. En Haïti, on ne parle pas de la maladie mentale, c'est un tabou. Quand un enfant en est atteint, on le garde à l'intérieur de la maison, il ne sort jamais, personne ne le voit, on le cache ou on l'exile. Il en est d'ailleurs ainsi pour toute anomalie survenant dans une famille haïtienne: la loi du silence et de l'hypocrisie prévaut sur toutes les règles. Les Haïtiens adorent les secrets parce qu'ils détestent la vérité.

C'est donc en secret que mes parents décident de faire appel au vaudou pour me débarrasser du sort qui a peut-être été jeté contre moi, et qui me rend malade. On m'envoie encore en Haïti chez tante Renée. Une femme très âgée arrive bientôt, elle apporte une baignoire remplie de plantes et d'herbes bizarres. Elle décide de me donner un bain. L'eau est froide et sale, mais je dois me laver dedans pendant que la sorcière récite des prières. Elle dit que j'irai bien dans deux jours.

Deux jours plus tard, je ne vais pas mieux. Mon père décide donc de m'emmener chez sa mère biologique, à Cap-Haïtien. On me réveille pendant la nuit sans me donner d'explication. Papa et moi sommes conduits dans un marché public où se trouvent des centaines de personnes dont la plupart sont des paysans commerçants. Une odeur nauséabonde flotte dans cet endroit. Je me serre contre papa et le supplie de retourner chez tante Renée.

– Papi, j'ai peur. Qu'est-ce qu'on fait ici? Où m'emmènes-tu?

– Tu n'as pas besoin d'avoir peur, Vadoudou. Je suis là... On va te guérir, tu verras.

Papi me prend par la main et nous nous dirigeons vers un autobus scolaire. Il fait noir, les gens se bousculent, nous poussent, s'injurient. Je suis entassée avec papa et des paysans, il y a des poules, des moutons, c'est sale. Le voyage de Port-au-Prince jusqu'au Cap dure six heures, il n'y a pas de route, pas de garde-fou, je panique puis finis par m'endormir dans les bras de mon père qui me serre contre lui. Une fois arrivés à Cap-Haïtien, papa loue une voiture afin de nous rendre chez ma grand-mère Carmélite. Elle vit dans un trou perdu où il n'y a ni électricité ni système d'égout. C'est le tiers-monde, comme on le voit à la télé. Tout le long de la route, des gens quémandent, des enfants complètement nus, souffrant de malnutrition, tentent de s'agripper à notre voiture. Je suis horrifiée par tant de misère et suis surtout très inquiète de faire connaissance avec la mère de mon père. Papa ne l'a pas vue depuis une vingtaine d'années et ne l'a pas prévenue de notre arrivée.

La voiture s'arrête enfin devant une toute petite maison en chaux qui se tient au beau milieu d'un immense et magnifique jardin à la végétation luxuriante, planté d'arbres fruitiers et d'arbustes comme je n'en ai jamais vu auparavant. Papa est nerveux. Moi aussi. J'aperçois une femme rondelette, vêtue d'une robe paysanne avec un mouchoir sur la tête, qui se dirige vers nous. Mes mains sont moites, j'ai des palpitations. Elle s'avance d'un pas lent, arborant un gigantesque sourire. Papa descend de la voiture et elle s'exclame en créole :

– Guy, c'est toi ?

– Carmélite chérie, comment vas-tu ?

Elle pleure et danse de joie. Timidement, je sors de la voiture et me dirige vers elle qui me tend les bras. Elle m'embrasse très fort, caresse mes cheveux et ne cesse de me regarder.

– C'est Varda, n'est-ce pas ? me dit-elle dans un créole à peine compréhensible.

– Papi, quelle langue parle-t-elle ?

– Créole ! répond papa en riant.

– Ben non, ce n'est pas du créole.

– C'est un dialecte différent de celui des gens du Nord.

Nous pénétrons dans la maison. Je suis surprise d'apercevoir sur les murs plusieurs photos de ma sœur et de moi à des âges différents. Elles sont suspendues soigneusement, sans cadre, avec de petits clous. Ma grand-mère me dit fièrement :

– Je les regarde tous les jours, vous êtes tellement belles, ta sœur et toi !

Je suis soudainement prise de beaucoup d'affection pour elle. Cette femme illettrée est très douce, gentille et affectueuse. Elle sourit tout le temps, offre de nous préparer à manger, prévient tout le voisinage de notre venue. C'est la fête.

Au cours de la soirée, papa et Carmélite discutent en cachette. J'entends papa lui expliquer la véritable raison de notre visite : me soigner. Carmélite a longtemps été une adepte du vaudou, mais, depuis quelques années, elle voue complètement sa vie au Seigneur et ne pratique plus. Devant l'insistance de mon père, elle décide de nous aider malgré tout.

Comme ma grand-mère habite dans une maison où il n'y a pas de toilettes, pas de cuisine et où tout est à l'extérieur, papa refuse que je dorme dans de telles conditions et m'emmène avec ma grand-mère à l'hôtel. Je dors avec elle dans le lit. Papa dort sur une natte par terre.

Puis soudain, on me réveille. On m'emmène dans un champ où se trouvent une quarantaine de personnes, toutes habillées en blanc. C'est la cérémonie vaudou organisée pour m'exorciser. Je suis complètement affolée, apeurée. Papa me tient dans ses bras pour me réconforter, me rassurer.

On me place alors, nue, dans une baignoire pleine de trucs étranges, au milieu de tous ces gens en cercle. Mon père offre de la nourriture aux esprits, comme le font tous les autres, en la déposant dans des endroits stratégiques de la forêt. Ils dansent, ils crient autour de la baignoire. Une sorcière, totalement en transe et les yeux révulsés, avale une bouteille pleine d'épingles. Elle saisit un poulet qu'elle égorge. Puis elle le secoue pour le vider de son sang. Elle lui arrache une plume et, avec le sang, écrit sur un morceau de papier ce qui va m'arriver. Ce n'est pas une écriture normale. Sa voix non plus n'est pas normale. Elle annonce les choses à papa avec une voix complètement modifiée, une voix d'homme, très grave. Elle dit que je suis folle et que mon état mental ne va pas s'améliorer, mais que j'aurai un avenir brillant. Elle prédit aussi que papa deviendra grand-père très jeune, vers l'âge de quarante-quatre ans.

Mon père éclate en sanglots. La sorcière s'approche de moi avec un air effrayant et me plonge la tête dans l'eau. Puis, elle la sort et recommence. Elle me terrorise. On dirait un monstre surgi du monde des ténèbres. Elle me dresse alors debout dans la baignoire et trace des signes sur mon corps avec le sang du poulet en psalmodiant des prières.

Je suis horrifiée par ce sang à l'odeur répugnante qui couvre mon corps et je me dis que papa est fou de m'abandonner ainsi aux mains du vaudou. Je me sens souillée, dégueulasse, humiliée.

– *Ou pa gain dwoi lavéou*, me lance la prêtresse sur un ton sans appel, ce qui signifie : « Tu n'as pas le droit de te laver. »

J'ai envie de vomir. Je voudrais fuir, n'importe où, même dans une famille d'accueil. Je ne comprends plus ce qui m'arrive et je vois défiler à toute vitesse l'hôpital psychiatrique, le pont Jacques-Cartier, l'homme à l'odeur de bière, l'autre dans la voiture... Comment suis-je arrivée ici ? Pourquoi est-ce que je mérite tout ça ? Pourquoi infliger tant de souffrances à une enfant qu'on dit malade ?

On me donne le papier sur lequel a écrit la sorcière. Les instructions sont rigoureuses : je dois le conserver sur moi, avec de la poudre qui ressemble à du talc, mais qui est de la poudre de vaudou. Je ne suis autorisée qu'à porter des vêtements bleus et blancs. Sous mon lit, il me faut conserver un mouchoir rouge et une bouteille de rhum. Mon père téléphone à ma mère. Il lui dit que la cérémonie s'est bien passée et que je vais guérir. Maman est soulagée.

J'ai toujours refusé de talquer mes bébés, alors que les Haïtiennes adorent parfumer leurs enfants.

Chapitre 6

Deux années s'écoulent. Les crises se multiplient de plus belle. Ma résidence secondaire est maintenant la section psychiatrique de l'hôpital, dont je ressors chaque fois bourrée d'antidépresseurs de toutes sortes.

Et je continue mes fugues. À l'âge de seize ans, mes parents me placent encore une fois en centre d'accueil, à Longueuil. On me considère soit comme une malade, soit comme une délinquante, mais jamais personne ne réalise que ma délinquance vient de ma maladie. Et on ne se demande jamais pourquoi je suis malade.

Pour gagner un peu d'argent, nous avons le droit de travailler après les cours et pendant l'été. En feuilletant le journal, je tombe sur une petite annonce : « Cherchons mannequin pour la publicité d'une compagnie de bouteilles d'eau, salaire alléchant. »

C'est cool, je vais pouvoir m'acheter plein de vêtements. J'appelle, me décris à l'homme qui me répond et prends rendez-vous avec lui à son bureau, rue Sherbrooke, dans l'Est de la ville. D'habitude, comme bien des adolescentes qui ont subi des abus, je m'habille de façon provocante, mais le jour du rendez-vous, je me présente en jogging, car je n'ai pas eu le temps de me changer après le cours d'éducation physique. L'homme, âgé d'une quarantaine d'années, me paraît très correct, distingué, sympathique. Sur son bureau, la photo de sa femme et de ses enfants achève de me rassurer sur son sérieux.

– Avez-vous déjà posé pour des photos ? me demande-t-il calmement en prenant des notes comme un médecin généraliste.

– Non, dis-je, c'est la première fois que je me présente pour un *casting*.

– Vous êtes très jolie pour une Noire, continue le type avec ce racisme ordinaire des gens qui n'ont rien contre les Noirs. Écoutez, je vais vous expliquer le concept : il s'agit de photos de groupe.

Les séances sont payées 1 500 dollars. D'abord, je dois prendre des clichés de vous, mais vous n'êtes pas vêtue pour la circonstance. Nous allons fixer un autre rendez-vous où vous viendrez habillée en jupe. Apportez aussi des bikinis. Lundi prochain, 19 h 30, ça vous convient?

Quand je me présente ce soir-là, les bureaux sont bien sûr fermés et il n'y a plus personne dans l'immeuble, sauf lui. J'entre dans son bureau. Il a tiré les meubles dans les coins et placé une table de massage au milieu de la pièce. En plein milieu du bureau se trouve un bol avec de la crème à raser et un rasoir.

– Suivez-moi, mademoiselle Etienne. Vous allez vous changer et vous mettre en costume de bain.

Mise en confiance par ma précédente visite, je me change dans les toilettes et reviens dans la pièce. Il remarque que je ne suis pas épilée au niveau de l'aine.

– Comme nous allons faire des photos rapprochées, il est important que vous soyez épilée. Tenez, je vais le faire moi-même pour gagner du temps, je suis habitué avec toutes ces séances de photo.

Il est hors de question que cet homme me touche, et je m'y oppose.

– Écoutez, vous voulez les faire ces photos, ou non? Mes enfants et ma femme m'attendent à la maison, et je n'ai pas de temps à perdre, il est déjà tard. Si les photos ne sont pas prises aujourd'hui, il n'y en aura plus. Alors c'est oui ou c'est non. Dépêchez-vous, il y a au moins trois cents filles qui peuvent vous remplacer.

Je finis par accepter et me couche sur la table de massage. Il m'attache en me disant:

– Nous allons faire un petit jeu drôle. Ça va vous détendre. Ne vous inquiétez pas, j'ai l'habitude.

La séance d'épilation débute normalement, et je me calme. Il agit en effet normalement, et je me dis que j'ai eu peur pour rien. Mais plus il s'approche de mon sexe, plus je le vois s'exciter. Son visage rougit, il est en sueur et j'entrevois une érection à travers son pantalon. Mon cœur se met à battre et je tremble. Je lui dis gentiment et calmement:

– Arrêtez maintenant, je veux rentrer chez moi.

Il fait semblant de ne pas m'entendre. Je tente de me débattre mais j'ai les mains liées. Je ne sens plus mes jambes à cause de la peur. Aucun son ne sort de ma bouche, aucun. Des larmes coulent sur mes joues. Si je bouge, il me blessera. Mon corps lui appartient.

Ses doigts glissent sur ma peau, maintenant il touche mon sexe.

Puis, il me charcute le sexe avec le rasoir. Et il jouit.

Je hurle.

Après l'agression, il ouvre simplement la porte et me laisse sortir. Je m'enfuis en courant dans n'importe quelle direction à la recherche de la station de métro la plus proche. Je ne sais plus où je suis, mais je me retrouve dans le métro quand un homme s'approche de moi et me dit :

– Mademoiselle, votre pantalon est couvert de sang !

Je ne m'en suis même pas rendu compte.

– Voulez-vous que j'appelle la police ?

J'ai trop peur et je refuse.

Je sors du métro et arrête un chauffeur de taxi.

– Monsieur, je n'ai pas d'argent, je viens de me faire violer, je veux rentrer à Longueuil.

Apitoyé, le chauffeur me demande :

– Voulez-vous que je téléphone à vos parents ?

J'ai trop peur que ce soit la honte pour ma famille. Je décide donc de la protéger encore une fois. Le chauffeur me conduit au centre d'accueil, qui appelle la police et mes parents. De nouveau, on m'hospitalise, mais pour me recoudre. Quand la travailleuse sociale apprend la nouvelle à mon père, celui-ci, dévasté, s'arme d'une batte de baseball et part à la recherche de mon violeur, mais il ne le retrouve pas.

Bien plus tard, ce monstre a été arrêté, emprisonné pour une nuit et libéré sous promesse de comparution. On m'a assigné un avocat d'office qui a perdu le procès pour « délai déraisonnable » entre les faits et la plainte. Sur appel, le procès a été reconduit et l'agresseur a été condamné. Sa femme l'a quitté et il a perdu son emploi.

Pour ma part, j'ai perdu beaucoup plus. Je ne me suis jamais remise de ce viol qui a eu des conséquences désastreuses sur ma vie sexuelle. J'ai appartenu à un homme avant d'en aimer un et peut-être que je n'ai plus jamais réussi à donner mon corps à quelqu'un, puisqu'on me l'avait déjà pris.

Comme victimes, je me suis sentie à la fois responsable et incapable de pardon. Pour moi, les abuseurs d'enfants méritent la peine de mort. J'assume mes propos et je les ai exprimés publiquement dans une entrevue donnée au magazine *7 jours* à l'époque de la sinistre affaire Guy Cloutier. L'entrevue était titrée : « Si je voyais Cloutier, je lui cracherais au visage ! » et j'y précisais que la seule et unique raison pour laquelle je ferais de la prison la conscience en paix serait qu'un de mes enfants tombe entre les mains d'un abuseur. Je serais prête à tuer.

Chapitre 7

À dix-neuf ans, je pars pour Paris avec mon dernier chèque d'assurance-emploi de 300 dollars, sans savoir où je vais loger. Je suis brouillée avec mes parents, comme d'habitude. Mon cousin Gilles, le fils de tante Claire, vient de mourir à Atlantic City, en juin de cette année-là. Il avait vingt et un ans. Excellent nageur, il est parti sauver deux enfants de la noyade, les a ramenés, mais a subi un spasme et s'est lui-même noyé. Toute la famille, venue d'un peu partout sur la planète, assiste à son enterrement.

J'adorais mon cousin, il était beau comme un dieu, aimable, serviable et très calme. Nous avons vécu ensemble durant notre enfance. Dans ma famille, les enfants sont élevés en meute, comme dans la majorité des familles haïtiennes, aussi ma mère ressent autant de peine que ma tante qui a perdu son fils. Elle souffre énormément et on l'hospitalise pour une crise d'hypertension. Mon départ à Paris, si proche de ce décès, alors que je n'y connais personne, la terrorise. L'agence Giovanni m'a recrutée comme mannequin à Montréal. La majorité des clients québécois me trouvent toutefois trop «typée» et je décide de tenter ma chance à Paris. Les Français adorent les *Blacks*.

À Paris, en effet, ils sont partout ; il y a de nombreux Antillais et beaucoup de couples interraciaux. Je m'y sens chez moi. Tout me plaît, la nourriture, la mode, l'accent, les gens. Je m'intègre rapidement à la jet-set et fréquente les endroits à la mode, comme les Bains Douches, un des clubs les plus en vogue de l'heure. Marilyn, la portière lesbienne, clique immédiatement sur moi. Elle a la réputation d'être une garce qui déteste tout le monde, mais je lui plais. Elle trouve mes jambes sublimes, adore mon accent, et me laisse toujours entrer, même lors de soirées privées. Je rencontre Katoucha, top modèle et muse d'Yves Saint-Laurent, malheureusement décédée par noyade en février 2008. Cette Sénégalaise excentrique et complètement paumée me donne l'occasion de défiler pour Sonia Rykiel. Aux Bains, je croise bien sûr beaucoup d'hommes riches et prends conscience du lien entre fric et baise. Autre syndrome de la femme abusée. Je fais la connaissance d'un Russe de cinquante ans hyper- friqué qui a un appartement extraordinaire avenue Foch. Nous faisons l'amour. Puis, il m'abandonne chez lui en me disant :

– Quand je reviens, je ne veux pas te trouver dans l'appartement. Je veux que tu te casses et je ne veux plus te revoir.

Je me sens comme une pute, sensation que je connais depuis longtemps, alors que j'ai le sentiment de m'être attachée à cet homme que je connais pourtant depuis quarante-huit heures à peine. Comme il est propriétaire d'un club, le Vogue, je le retrouve facilement. Il ne répond à mes sentiments que par des insultes :

– Je ne veux plus te revoir. Par contre, si tu veux jouer à la pute, j'ai des amis russes très riches. Passe, et il y en a un qui va te choisir.

Je suis affreusement humiliée. Avec lui, comme avec tous les autres, j'étais convaincue de me marier et d'avoir des enfants ! C'est pathétique. Je me sens abandonnée, comme j'ai eu si peur de l'être par mes parents.

Alors, de nouveau, tout bascule.

Peu à peu, je suis entraînée dans le débordement total de ma sexualité, sous l'emprise du besoin incessant de l'assouvir et d'expérimenter de nouvelles choses. Comme en état d'ébriété, je suis accro au sexe, véritablement dépendante. C'est une des particularités des phases maniaques de ma maladie : le sexe devient une priorité absolue. Il n'y a que ça qui compte pour moi, j'ai besoin d'être remplie, il faut que je comble un vide. Je dois baiser à tout prix. J'adopte un comportement d'homme, je baise sans attaches, sans sentiments. Je baise dans les toilettes des boîtes de nuit, dans les voitures. Je suis un prédateur qui cherche une proie. Mais après chaque relation sexuelle, dans la seconde qui suit l'orgasme, je tombe dans le noir complet et un sentiment de vide immense m'envahit de nouveau. Je me déteste et cela justifie ma volonté sourde d'autodestruction.

Durant ces phases, non seulement je deviens boulimique de sexe, mais ma relation avec la nourriture est aussi affectée. Manger est l'autre moyen de me combler, de me procurer un apaisement. Comme une alcoolique à la SAQ, j'entre dans la première pâtisserie venue et achète des boîtes et des boîtes de gâteaux dont je m'empiffre avant même d'être sortie de la boutique. Il m'arrive de me cacher pour manger, de manger jusqu'à me rendre malade, jusqu'au bord du vomissement. Puis, je me réveille la nuit pour manger encore. Je ne suis jamais rassasiée. Heureusement, mon métabolisme très rapide me permet de digérer à toute allure et mon état de stress brûle les calories que j'ingère. Un de mes plus grands plaisirs consiste à aller à l'épicerie. J'achète une foule de choses dont je n'ai pas besoin, mais je me dis que je les mangerai plus tard. Au restaurant, je commande pour deux personnes, en racontant que je dois rapporter un repas à ma sœur.

Et puis, il y a le tabac. Je fume énormément aussi. La cigarette est mon amie, ma confidente, ma béquille. Elle est toujours là. Me remplir. Il faut que je me remplisse toujours.

Puis, l'automne arrive. Pour les maniaco-dépressifs, c'est une saison critique, celle des grandes dépressions. Avant que les crises ne surviennent, je décide de rentrer à Montréal. Et la crise arrive.

Un matin, je regarde dehors et je la sens venir comme un ennemi dans la rue. Mon cœur flanche, je suis incapable de me lever du lit. Incapable de mettre un pied devant l'autre, incapable d'aller uriner. Je deviens complètement léthargique, je broie du noir sans arrêt et je ne m'intéresse à rien. J'angoisse tant que je perds énormément de poids. Je deviens à la fois handicapée mentale et physique, clouée dans un lit, dans l'incapacité de faire quoi que ce soit. Je ne peux plus travailler. Je n'ai plus mes règles. J'ai énormément besoin d'attention, il faut que je sois cajolée comme un bébé. J'aurais même besoin de porter des couches, puisque j'urine sur moi. J'éprouve une sensation d'extrême lourdeur. Je ne me supporte pas. Je n'ai envie de rien. Je suis incapable de me regarder dans un miroir, je veux disparaître. J'ai envie de mourir, de fondre. Je déteste toute ma vie. Je remets tout en question. Des crises de larmes sans fin m'épuisent et me vident complètement, pendant des semaines.

Ma seule façon de fuir, c'est le sommeil artificiel, qui ne vient que si on le prescrit à coups de Séroquel et de Tégrétol. Alors, je n'ai plus aucune émotion, il n'y a rien qui passe, ni la joie ni la peine. Je deviens un robot, je cesse de m'alimenter, je suis incapable d'ingurgiter quoi que ce soit, sauf le tabac et le café. Ma seule activité, toute la journée, consiste à monter puis à descendre les marches, sans cesse, très lentement. Je n'entends rien, je ne suis plus au monde. Il pourrait y avoir un tsunami ou un Hiroshima, je ne réagirais pas. Je dors comme un bébé naissant, vingt heures sur vingt-quatre. Maudite folle !

Chapitre 8

Deux mois avant de célébrer mes vingt ans, je tombe enceinte par accident. Je ne connais mon amant que depuis peu de temps. Mes parents, bien sûr, acceptent mal ma grossesse. Quand je l'annonce à ma mère, elle me prévient :

– À ton âge, c'est trop tôt pour avoir un enfant. Tu es incapable de t'en occuper et on ne connaît même pas le père ! Tu es complètement folle.

Me faire avorter, ce n'est pas une option. Il n'en est pas question. Pas du tout.

– Alors, il faut que tu prennes la porte, conclut ma mère.

Toujours la porte. Tuer mon enfant ou quitter mes parents. Cacher la honte, encore et toujours. Je sais maintenant que si j'ai gardé cet enfant, c'est en grande partie grâce à l'abandon et au rejet dont j'ai souffert toute ma vie. Jamais je ne pourrais rejeter l'enfant que je porte. Cela ne m'effleure même pas, alors que tout le monde autour de moi me le conseille.

Cependant, je suis sans le sou et sans travail. Quand je demande au père de mon enfant s'il veut m'aider, il me répond :

– Un, je ne veux pas de relation avec toi, et deux, je ne veux pas de cet enfant.

Il faudra treize ans avant que le père de mon fils le reconnaisse comme son fils légitime… Treize longues années à attendre un coup de fil, un signe de vie.

Aujourd'hui encore, je ne le lui pardonne toujours pas.

J'appelle ma grand-mère Mélanie pour lui dire que ma mère m'a mise dehors :

– Mais, ma chérie, il n'y a pas de problème, prends tes affaires, prends un taxi, viens, je t'attends !

Elle est supercontente. Dans son appartement, chemin de la Côte-Sainte-Catherine, elle m'accueille chaleureusement :

– Ne t'en fais pas, je vais m'occuper de toi, je vais te donner tout ce dont tu as besoin. Le père, on s'en fout, il n'existe plus. Ne lui demande rien. J'ai élevé ton père toute seule et je m'en suis très bien sortie… Un proverbe créole dit : « Un enfant peut avoir cinquante papas, il n'a qu'une seule maman. » Cet homme-là, ne mentionne plus jamais son nom, il n'existe plus. Il est mort.

Ma grand-mère a quatre-vingt-quatre ans. Elle est une de ces femmes antillaises pour lesquelles j'ai tant d'admiration. Forte de caractère, déterminée, fonceuse, indépendante et d'une débrouillardise sans fin. Elle ajoute :

– Tu vas habiter ici, on va préparer la chambre du bébé.

Au cours de ma grossesse, je fais énormément de caprices et ma grand-mère accomplit l'impossible pour me faire plaisir. J'ai des envies de fruits de mer ou de fruits exotiques à n'importe quelle heure du jour ou de la nuit et elle se casse la tête pour me satisfaire, avec son seul petit chèque de pension. Elle me fait me sentir belle, extraordinaire. J'adore être enceinte. Je me sens femme, j'ai l'impression d'être normale. Je suis enfin remplie. Je trouve formidable que, malgré ma maladie, la vie me permette d'avoir un enfant.

Mon fils naît le jour de l'anniversaire de ma grand-mère biologique, Carmélite. Alors que j'ignore le véritable nom de famille de celle-ci, qui est Alexis, je donne ce prénom à mon bébé. Ainsi, mon fils porte le nom de ses deux grands-mères paternelles : il s'appelle Alexis Etienne. Alexis pour Carmélite Alexis et Etienne pour Mélanie Etienne.

L'aide sociale me prend ensuite en charge et me permet de trouver un appartement. D'abord obsédée par mon bébé, je me sens peu à peu étouffée, coincée. Pendant ma grossesse, j'ai eu beaucoup de soutien de la part de mes amies, mais depuis qu'Alexis est né, les choses sont bien différentes. Quand mes copines sortent en boîte, moi je reste à la maison pour changer les couches. Elles continuent leurs études pendant que je vis de l'aide sociale et je manque souvent d'argent pour subvenir à nos besoins essentiels. J'éprouve énormément de ressentiment pour le père de mon enfant. Je me sens seule, pauvre et abandonnée, alors que lui, un éminent avocat criminaliste plus âgé que moi de vingt ans, célibataire et sans enfants, vit dans l'aisance. Cet homme ne m'a pas respectée et m'a laissée tomber, ce qui me confirme que je ne vaux décidément rien et que les gens qui m'ont abandonnée auparavant ont eu bien raison de le faire... Au moment de mon accouchement, il est la première personne que j'aie appelée. Je lui laisse un message :

– Gilbert, j'ai accouché de ton fils, il est ton portrait tout craché. Je suis à l'hôpital Sainte-Justine, chambre numéro 7...

Je dis aux infirmières :

– Gardez mon bébé à la pouponnière.

Je sais que Gilbert ne veut pas me voir, mais je suis sûre qu'il va venir admirer son enfant.

Deux fois par jour, je demande aux infirmières :

– Est-ce qu'il y a un monsieur qui est venu ?

Elles me répondent :

– Non, madame...

Il n'est jamais venu.

Une nuit, alors que je suis seule dans l'appartement, mon bébé ne cesse de pleurer. Je ne sais pas ce qu'il a, je suis incapable de le calmer. Je le regarde dans son berceau et je me dis : « Je suis un handicap pour cet enfant. Je suis incapable de m'en occuper. » Je m'écroule, je me sens tellement coupable. Il crie, il crie. Qu'est-ce que je vais faire ? Je me frappe parce que je ne suis pas capable de m'en occuper. J'entends les voix qui reviennent et qui me disent : « Tu ne mérites pas d'être mère. Tu n'es pas une bonne mère. Quand on n'est pas une bonne fille, on ne peut pas devenir une bonne mère. Qu'est-ce que tu crois ? »

J'appelle mon psychiatre en catastrophe :

– Docteur, je veux mourir.

Il me répond :

– Madame, on peut vous hospitaliser, mais il faut que quelqu'un s'occupe de l'enfant.

J'appelle maman. Il est une heure du matin.

– Maman, je n'en peux plus, j'étouffe. Je veux mourir. Viens chercher Alexis, s'il te plaît.

Ma mère me répond :

– J'arrive.

Elle saute dans sa voiture et vient prendre mon bébé. Je reste deux jours à l'hôpital. D'après les médecins, j'ai besoin de repos, car je viens d'accoucher. Je dors sous médication.

Après mon séjour à l'hôpital, ma mère garde régulièrement mon bébé. Elle vient le chercher chaque fois que je l'appelle, jusqu'au jour où elle m'annonce :

– Écoute, Varda, je le prends. Je vais arrêter de travailler. Je vais m'en occuper à temps plein, avec ta sœur. Va à l'école, va vivre ta vie et faire ce que tu as à faire.

À partir de ce moment, Alexis passe la semaine chez ma mère pendant que je vais à l'université et je le garde le week-end. Ça y est, je fais à mon fils ce que je reprochais à mes parents de m'avoir fait. La boucle infernale est bouclée. J'ai rejeté mon enfant. Heureusement, Alexis est adulé par toutes les femmes qui prennent soin de lui, ma mère, ma sœur et mes tantes.

Chapitre 9

J'entre au département de communications à l'université, car j'ai envie de travailler dans le milieu artistique. L'université commence par m'apprendre que je suis admissible aux prêts et bourses. Génial. J'achète des vêtements et du parfum, j'habille Alexis comme un petit prince avec des vêtements Christian Dior. Pendant les cours, je m'ennuie ; je trouve les professeurs inintéressants. J'ai énormément de facilité et sans devoir étudier beaucoup, je réussis. Alors, je laisse tomber les études un moment, puis je les reprends et j'abandonne de nouveau. Finalement, je m'accroche et finis par décrocher mon diplôme tout en travaillant comme réceptionniste au spa de Westmount et en m'occupant d'Alexis les fins de semaine.

À la fin de mes études, j'ai vingt-trois ans et mon fils a trois ans. Un de mes amis, Hans, qui est aussi le parrain de mon fils, vit à New York où il est le vice-président de Donna Karan, une marque de prêt-à-porter. Il sait que j'adore la mode et me propose de faire un stage chez eux. Comme mon père vit aussi à New York depuis trois ans, depuis qu'il est séparé de ma mère, j'accepte avec enthousiasme de partir là-bas, d'autant que, depuis mon séjour à Paris, j'ai la piqûre du voyage. Ma sœur Guylaine s'installe chez moi pour s'occuper de mon fils pendant mon absence.

Pendant mon séjour dans la Big Apple, ma grand-mère subit un accident cardiovasculaire. Ma mère n'ose pas me l'annoncer, mais papa m'appelle en catastrophe sans rien préciser. Il veut me voir d'urgence. Impossible d'avoir des détails. Son ton est calme, mais je ressens son angoisse au bout du fil. Il me retrouve dans mon appartement après le travail. Il est nerveux comme jamais auparavant, il fait les cent pas dans le salon en me parlant de tout et de rien. Finalement, je lui dis :

– Papa, tu n'as pas fait une heure de route pour prendre de mes nouvelles…

– Non, Vadoudou… Je n'ai pas de bonnes nouvelles.

– Qu'est-ce qui se passe ? C'est ma mère, mon fils, ma sœur ?

– Non… C'est ta grand-mère.

Immédiatement, je suis prise d'un violent vertige. Aucun mot ne sort de ma bouche, j'en suis incapable.

– Ta grand-mère a eu un accident…

– Un accident, comment ? Elle est tombée ? Elle va bien, j'espère ?

– Pas vraiment… Elle est dans le coma. C'est arrivé ce matin, après une visite de ta mère qui avait emmené Alexis chez elle.

Mon cœur palpite à tout rompre. Les paroles de mon père m'assomment. Ma grand-mère adorée est au bord de la mort. Je n'y comprends rien. Mon corps tremble, j'ai mal au ventre.

– Nous partons tout de suite pour Montréal, prends tes affaires et on y va.

Je récupère mon sac à main, incapable de prendre quoi que ce soit d'autre. Dans la voiture, je ne dis pas un mot. Je pleure en silence en me remémorant tous les souvenirs que j'ai de cette femme que j'adore. Mon instinct me dit qu'elle ne se réveillera pas… Et, malheureusement, j'ai raison.

Le voyage me paraît interminable. C'est l'une des rares fois de ma vie où je vois dans son regard que mon père est véritablement inquiet. Il est perdu, on dirait un gamin, cela m'impressionne. On arrive à l'hôpital et je vois ma grand-mère, couchée, des tuyaux branchés partout sur elle. Je prends sa main. Je lui parle :

– Grand-manman. C'est moi.

Elle ouvre les yeux, puis les referme.

Beaucoup de gens passent lui rendre visite et je n'ai qu'une hâte, c'est qu'ils partent pour que je puisse me retrouver seule avec elle. Le soir venu, je refuse de quitter la chambre. Pendant la nuit, je lui parle, je lui raconte tous mes souvenirs avec elle. Celui du Noël de mes onze ans, quand j'avais dit que je n'aimais pas le cadeau que j'avais reçu et que mon père avait commencé à me corriger. Elle l'avait pris par la gorge, l'avait giflé et lui avait dit :

– Tu ne remettras jamais ta main sur cette enfant. Jamais.

Je lui rappelle aussi que c'est avec elle que j'ai fumé mes premières cigarettes. Et puis ses conseils, quand elle me disait de ne pas épouser le premier homme avec lequel j'aurais fait l'amour, mais d'en essayer plusieurs d'abord. J'aime tant son ouverture d'esprit et son côté avant-gardiste! J'ai l'impression qu'elle m'écoute. Au petit matin, je finis par m'endormir sur la chaise. Et le lendemain, un des médecins me dit:

– Vous savez, nous ne croyons pas qu'elle va se réveiller.

Et moi qui dois absolument retourner à New York pour travailler! Je dis à ma grand-mère:

– Grand-manman, ne profite pas du fait que je m'en aille pour partir! Ne meurs pas juste après mon départ, je t'en supplie!

Mon avion décolle à 13 h 53 précises. J'ai le sentiment que je ne la reverrai plus… et elle meurt à 13 h 56. Je lui en ai affreusement voulu! Mais à ce moment, personne ne m'avertit. En arrivant à New York, je suis tellement inquiète que je tombe en montant les marches menant à mon appartement. Je me casse la cheville. Je me rends à l'hôpital, on me plâtre. Pendant ce temps, je ne parviens à joindre personne à Montréal. De retour à la maison, à 11 heures du soir, enfin, ma mère m'appelle en pleurs:

– Varda, ta grand-mère est décédée.

Je suis prise de nausées, j'ai l'impression qu'on m'a poignardée. Je me mets à hurler dans l'appartement. Une nouvelle fois, je me sens abandonnée, trahie.

Pendant toute la semaine suivante, je suis incapable de manger quoi que ce soit. Il faudrait que je retourne à Montréal pour l'enterrement, mais c'est au-dessus de mes forces. J'en fais part à mon père. J'ai peur qu'il me réprimande, mais il me répond:

– Je comprends. C'est peut-être mieux pour ton état mental que tu ne viennes pas.

Le jour de l'enterrement, je suis seule à New York dans mon appartement. Mes douleurs au ventre me reprennent, comme lorsque j'étais gamine. Je me tords de douleur. Pendant le mois suivant, je refuse de revenir à Montréal, je ne me sens pas capable d'entendre parler de ma grand-mère.

Plusieurs mois après son décès, pour son anniversaire de naissance, le 27 avril, une messe est chantée à sa mémoire. Je m'y rends et je m'effondre. Je vais m'allonger sur sa pierre tombale et je sanglote pendant des heures, je pleure jusqu'à vider mon corps de toutes mes larmes.

C'est le plus grand deuil de ma vie et il me fait encore mal aujourd'hui. Cette femme m'a aimée d'un amour inconditionnel, plus que n'importe qui d'autre. Souvent, quand je vais mal, je retourne devant sa tombe et je lui parle.

Parfois, quand je suis déprimée, elle vient me visiter dans mes rêves. Pour elle, la dépression était une sorte de faiblesse. Alors, elle m'engueule :

– Tu pleures tout le temps ! Arrête de te plaindre ! Ce n'est pas ce que je t'ai appris, tu es plus forte que ça, je ne suis pas fière de toi !

Elle me manque toujours aussi cruellement.

Chapitre 10

Après mon séjour à New York, de retour à Montréal, mon ami Angelo Cadet, qui est animateur à la télévision, m'apprend que MusiquePlus cherche des mannequins pour Musimax, sa nouvelle station de télé. Des modèles interpréteront des légendes de la musique, et ces gens veulent quelqu'un qui personnifiera Joséphine Baker. Joséphine est mon idole depuis des années. Elle me fascine depuis que j'ai vu un documentaire sur sa vie. Je me coiffe comme elle, je m'habille comme elle. Ma chambre est entièrement tapissée de photos d'elle. Je trouve l'histoire de cette femme épatante. Qu'elle soit partie du fin fond des champs de coton du Missouri pour devenir une reine à Paris, à une époque où le racisme dominait, c'est phénoménal ! J'écoute des cassettes d'elle à longueur de journée et je sanglote, tant je me sens proche d'elle... Cette occasion de me mettre dans la peau de mon idole m'enchante donc complètement, d'autant que je connais toutes ses mimiques, toutes ses attitudes, toutes ses chansons. J'accepte avec enthousiasme et pose pour les photos. Celles-ci sont sublimes.

Quelques jours plus tard, Angelo m'invite au lancement de la station Musimax. Je n'ai pas envie d'y aller. Il pleut à verse et je ne me sens pas en forme. Mais Angelo insiste. J'arrive là-bas trempée. La salle est noire de monde, la musique est très forte, il y a un bruit fou. Très intimidée par cette foule, je cherche un visage connu autour de moi. Au loin, j'aperçois Angelo qui me fait un signe de la main pour m'indiquer qu'on se verra plus tard. Je suis désemparée, car je ne connais personne. Je vais voir mes photos en Joséphine Baker, affichées dans la salle grandeur nature, et me plante à côté d'elles en espérant que quelqu'un me reconnaîtra.

Mais personne ne s'intéresse à moi. Pour faire quelque chose, je me dirige vers le buffet, prends une coupelle de chips et je les picore, debout, au milieu de la pièce, quand une main inconnue passe au-dessus de mon épaule pour me soustraire quelques chips. Dédaigneuse de nature, ce manque de savoir-vivre m'exaspère et, furieuse, je donne une tape sur la main inconnue. Je crie :

– *What are you fucking doing?*

L'homme se place en face de moi et rit.

– Vous ne voulez pas me donner quelques chips ? me demande-t-il comme un gamin.

– Mais vous êtes dégueulasse ! Vous mettez vos mains sales dans mes chips !

– À ce que je sache, ces chips ne vous sont pas uniquement destinées, ou je me trompe ? Si vous étiez polie, vous auriez pris quelques chips dans une assiette.

– Tenez, prenez-les, je n'en veux plus, lui dis-je en lui tendant le bol.

– Vous êtes qui ?

– Ben, c'est évident. Je suis la fille sur la photo.

Il me tend la main :

– Et je suis Moses Znaimer, président de MusiquePlus.

Cela ne m'impressionne pas.

– Je n'en ai rien à foutre de votre titre. Vous n'avez pas de manières !

Il rit de nouveau.

– Je vous observe depuis tout à l'heure et je me demandais : êtes-vous un homme ou une femme ?

À l'époque, je suis très mince et musclée, et je porte les cheveux courts et collés à la Joséphine Baker. Mais je me sens tellement insultée que je hurle et le traite de tous les noms. Il continue de sourire et m'impressionne par son calme. Il me tend sa carte professionnelle en me disant qu'il aimerait me revoir pour une audition devant une caméra. Je n'ai aucune expérience, mais il m'assure que ça n'a pas d'importance et insiste pour que je l'appelle rapidement, car il vit à Toronto et n'est à Montréal que pour quelques jours seulement.

Mais je perds sa carte.

Deux semaines plus tard, rue Saint-Laurent, une voiture s'arrête à ma hauteur. C'est Moses Znaimer. Il me reconnaît et me salue en me rappelant que je ne l'ai pas contacté pour l'audition. Il me demande de téléphoner à Pierre Marchand, le directeur général de MusiquePlus. J'ai déjà rencontré Pierre Marchand à l'occasion d'une audition et j'ai su que, tout en me reconnaissant du talent, il n'a pas aimé ma personnalité expansive, théâtrale et accaparante.

Mais Moses m'ordonne de le recontacter en lui faisant part de son insistance. Je passe l'audition et je suis acceptée.

J'anime alors une première émission qui est diffusée en direct le vendredi soir, *Bouge de là*. Une discothèque est recréée en studio, une centaine de jeunes dansent sur la piste pendant qu'on présente des clips. Je présente l'émission seule malgré un trac fou. Aujourd'hui encore, j'ai honte de ce premier passage à la télévision, mais le public l'apprécie et Moses est enchanté.

À Toronto, où il m'a demandé de venir le rejoindre, une aventure commence entre nous deux. Il est plus âgé que moi de trente ans, il est juif, il vit avec la même femme depuis quarante-cinq ans, il est libertin, marginal, très attiré par l'exotisme et j'éprouve une admiration sans bornes pour lui. Son intelligence brillante m'excite et me fascine.

Et puis, l'histoire de son enfance me touche énormément. Moses est un enfant de la Seconde Guerre mondiale. Sa mère a accouché de lui dans des circonstances si dramatiques que l'événement a été rayé de sa mémoire et que Moses n'a jamais connu sa date de naissance. Il cultive une véritable aversion pour les anniversaires et il ne les célèbre jamais ; cela me touche beaucoup. Je tombe éperdument amoureuse de lui. Il me trouve sensationnelle, belle, fascinante. Il est d'un calme olympien et son discours, toujours très articulé. Mystérieux, il multiplie les conquêtes dans tous les pays. Il passe des heures à me contempler nue, couchée. Il me traite avec beaucoup d'égards, m'adule, me donne l'impression que je suis la huitième merveille du monde. Pour une enfant rejetée, que rêver de mieux ?

Bien sûr, des rumeurs commencent à circuler à propos de notre relation, d'autant que j'alimente les ragots avec grand plaisir et étale notre idylle. Quand une délégation d'actionnaires de Toronto vient visiter les nouveaux locaux de MusiquePlus, Pierre Marchand me demande d'être discrète à ce sujet. Malgré nos différends, je dois reconnaître que Pierre fait tout pour me protéger... La veille de l'arrivée de la délégation, je tapisse la table de mon bureau de photos de Moses. J'y passe des heures ; pas un espace vide ne subsiste. Le lendemain matin, j'entre à MusiquePlus quelques instants avant la délégation et je m'assois sur mon bureau. Les actionnaires arrivent, guidés par Pierre Marchand qui conduit la visite. Pierre entre dans le bureau, me présente et me demande :

– Varda, que fais-tu ?

– Présentement, je suis assise sur le visage de Moses Znaimer.

L'histoire fait aussitôt le tour des locaux de MusiquePlus. Quelqu'un téléphone à Moses pour la lui raconter. Il m'appelle, plié de rire. Il me dit :

– Varda, ces gens sont coincés, carrés ! Tu les as scandalisés. David m'a appelé, il est horrifié ! Il m'a raconté qu'il avait vu une *Black* assise sur mon visage !

Et il rit, il rit !

Cette relation durera quatre ans. Elle a fait beaucoup parler d'elle et les controverses à son sujet n'ont pas manqué. Mais il est vrai que je me comporte au sein de MusiquePlus comme un tyran, comme un véritable dictateur. La situation dans laquelle me place cette relation, ajoutée à ma maladie, me conduit à abuser du pouvoir que m'offre mon lien avec Moses qui me gâte énormément. Il fait tout ce que je veux et il me surprotège. Plus tard, je m'excuserai publiquement de mon attitude. Mon passage à MusiquePlus y laisse de mauvais souvenirs et j'en suis sincèrement navrée, encore aujourd'hui.

Un simple exemple donnera la mesure de mon arrogance. Au bout de quelques semaines de diffusion de l'émission *Bouge de là*, un vendredi soir, j'agace le réalisateur de l'émission qui me traite de garce. Je lui lance :

– Toi, lundi, t'es plus là, je te le jure.

Le soir même, j'appelle Moses en pleurant :

– Tu comprends, il m'a humiliée dans mon amour-propre, il m'a atteinte dans mon ego, tu ne peux pas le laisser me traiter comme ça, c'est affreux…

Moses me répond doucement :

– On va le virer, c'est tout. On va le mettre ailleurs.

Je sers aussi d'espion à Moses, lui rapportant tout ce qui se passe, de bon ou de mauvais, à MusiquePlus.

Notre relation très passionnée ne nous laisse jamais en repos. On se déchire sans arrêt pour mieux se recoudre. Un jour, alors que je suis à l'hôtel avec Moses, je commence à angoisser parce que j'ai besoin qu'il reste près de moi alors qu'il doit partir pour le Brésil. Je le supplie :

– Tu n'as pas le droit de m'abandonner ! Emmène-moi avec toi.

Toujours très calme, Moses me répond :

– On va se rejoindre dans quatre jours ! À L.A., si tu veux. Mais je ne peux vraiment pas t'emmener, je vais au Brésil pour le *business*, je te l'ai dit !

Son refus me rend folle et je commence à tout saccager dans la chambre d'hôtel. Je lance les verres contre les murs, j'attrape les bouteilles dans le mini- bar, je les renverse sur le lit et j'asperge les sofas blancs. Je casse la céramique de la salle de bain en brisant les bouteilles dessus, je ruine les tapis de bain. Je détruis le poste de télévision et tout ce que je peux trouver. Moses rit en me regardant. Il me dit :

– Tu te comportes vraiment comme une enfant gâtée. Que puis-je faire pour te faire plaisir ? Que veux-tu que je t'achète ?

De son côté, il ne reste pas toujours de glace. Un jour, à Toronto, où il se trouve pour le lancement de la station Star TV, sa secrétaire m'appelle à Milan où je présente une émission de mode.

– Moses vous veut près de lui, me dit-elle. Il vous demande de rentrer immédiatement.

Elle me fait aussitôt parvenir un billet de retour en première classe. En arrivant, épuisée par le décalage horaire et par la façon qu'a Moses de disposer de moi selon son bon plaisir, je lui fais une scène démente.

Puis, une de mes copines qui vit à Toronto m'apprend que Moses a une autre maîtresse dont il est éperdument amoureux. Leur relation dure alors depuis une dizaine d'années. Cette femme est complètement mon opposé : trente-cinq ans, blonde, petite, timide. Je décide de confronter mon amant sur-le-champ :

– Comme ça, il y a une autre pétasse dans ta vie ?

Silence.

– Réponds-moi ! C'est qui, cette fille ?

– C'est Mia… Je ne veux pas te mentir et, de toute façon, je n'ai de comptes à rendre à personne. Ni à ma femme, ni à elle, ni à toi.

– Pardon ? Mais je t'aime pour de vrai ! Ça fait des années qu'on est ensemble, je suis jeune et pimpante, je suis toujours disponible pour toi, que veux-tu de plus ?

– Rien… C'est super comme ça, non ? Je m'occupe très bien de toi, il ne te manque rien, je t'aime et c'est tout.

– T'es vraiment un salaud de première ! Je ne veux plus jamais te voir ! Va te faire foutre avec tes putes et puis… je démissionne, je ne veux plus travailler pour toi !

– Mais calme-toi, *sweetheart*. Je vous aime toutes les trois autant, c'est ça qui compte.

– La polygamie, c'est en Afrique que c'est légal. Moi, je n'ai pas envie de te partager avec une autre ! Déjà qu'il y a ta femme, une maîtresse en plus, c'est non !

Je raccroche et jure de ne plus jamais lui adresser la parole, de ne plus jamais le revoir. Moses ne rappelle pas non plus, comme d'habitude. Il me connaît bien et sait pertinemment que je finirai par me calmer. Pour une des rares fois de ma vie, je résiste pourtant. Je ne l'appelle plus jusqu'au jour où je suis chargée de l'animation de l'émission *D*, qui traite de design. À l'occasion, je vais couvrir les défilés de haute couture dans les capitales de la mode. Chaque année, le pendant de MusiquePlus à Toronto, MuchMusic, donne un gigantesque gala où les gens portent des bracelets de couleurs différentes qui leur donnent accès à tel ou tel endroit. Un *party* privé a lieu dans le bureau de Moses auquel seules les personnes disposant de bracelets VIP sont invitées. J'ai reçu mon invitation par la poste, avec un bracelet VIP, puisque je suis la maîtresse de Moses. En arrivant, je vois une très belle femme noire, grande et mince, accompagnée par un homme très efféminé. Cette femme me regarde de haut. Aussi, quand Moses arrive, je lui demande :

– Qui est cette fille ?

– C'est Susan Boyd, l'éditrice du magazine *Flare*. Elle est très respectée à Toronto.

Puis Moses me présente à Susan :

– Susan, je te présente Varda, une de nos animatrices très talentueuses de Montréal.

Susan Boyd est distante et je m'en désintéresse. La rencontre s'arrête là. Mais deux mois plus tard, lorsque j'assiste au défilé de Chanel qui se tient au musée du Louvre, à Paris, j'aperçois Susan. Trop contente de voir un visage connu au milieu de tous ces étrangers, je fends la foule pour m'élancer, souriante, à sa rencontre.

– Bonjour Susan ! Vous vous rappelez de moi ?

– Non.

– Mais si ! Nous nous sommes rencontrées au bureau de Moses Znaimer. Je suis sa copine !

– Non, je ne me rappelle pas !

J'insiste, car grâce à ma mémoire phénoménale, je me rappelle d'un détail de sa tenue.

– Mais si ! Vous portiez un pantalon noir magnifique !

– Je vous dis que je ne me rappelle pas.

Un peu étonnée, je la plante là. Plus tard, je rentre à l'hôtel. Un message me demandant de rappeler Moses d'urgence à Toronto m'attend.

Je l'appelle aussitôt. Il me demande :

– *Sweetheart*, qu'as-tu fait ?

– Comment, qu'est-ce que j'ai fait ?

– Qui as-tu vu aujourd'hui ?

– Ben tiens, c'est drôle que tu en parles, justement je suis tombée sur Susan Boyd cet après-midi.

– Que lui as-tu dit ?

– Je lui ai dit la vérité ! Je me suis présentée et je lui ai dit qu'on s'était rencontrées dans ton bureau et que j'étais ta copine.

– Varda, tu ne peux pas dire aux gens de Toronto que tu es ma copine. N'oublie pas que je suis ton patron.

Mais je réfléchis vite et je lui réponds :

– Moses, je ne comprends pas. Pour qu'elle t'ait appelé, elle, de Paris, c'est qu'il y a quelque chose entre vous ! Comment se fait-il qu'elle a ton numéro perso ?

– Mais non, c'est juste une très bonne amie. Elle est très respectée à Toronto et il m'arrive parfois de l'aider, c'est pour ça que je lui ai donné mon numéro. Et en passant, elle n'a pas aimé la manière dont tu l'as abordée.

– Mais elle est complètement folle, pour qui se prend-elle ? pour ta femme, ta maîtresse ?

– Tu dis n'importe quoi. Écoute, Varda, je te demande seulement d'être plus discrète, s'il te plaît.

– OK. Tu vas voir…

Pour moi, c'est l'élément déclencheur. Discrète ! Il me demande d'être discrète ! Je vais lui montrer ce que c'est pour moi, la discrétion.

Quelques jours plus tard, lors du défilé de Jean-Paul Gaultier, j'aperçois de nouveau Susan. J'entre dans une colère folle, cela m'exaspère qu'elle ait eu le culot d'appeler Moses. Je me dis : « Toi, je vais t'en mettre plein la gueule ! »

Je fonce à sa rencontre et, devant tout le monde, je lui lance :

– Susan, il faut que je te parle.

– Je n'ai rien à vous dire.

– Susan, je veux te parler.

– Je suis désolée, je ne vous connais pas, je n'ai rien à vous dire.

Toute la presse est là. Je lui mets une claque en lui disant :

– Salope, de quel droit t'appelles mon mec ? Si tu me fais perdre ce que j'ai, je te tuerai.

Je crie, je hurle, je retire mes chaussures, je la menace avec, je veux la frapper encore, je me conduis comme une *Black* des ghettos américains. Les gens sont scandalisés. Mon producteur, François, embarrassé et humilié, me tire par le bras et nous quittons le défilé sur-le-champ.

Susan s'effondre en larmes. Moi aussi. J'ai honte de m'être comportée comme une sauvage, d'avoir embarrassé François et d'avoir peut-être compromis à tout jamais ma relation avec l'homme que j'aime.

De retour à l'hôtel, un autre message urgent de Moses m'attend. Il me dit alors :

– Ma chérie, cette fois, tu es allée vraiment trop loin. Susan va quitter Paris, car elle ne veut plus te rencontrer. Elle s'est sentie profondément humiliée. Mais si ça t'amuse, tant mieux pour toi.

Humiliée, mais c'est le comble ! C'est moi qui me sens humiliée, trahie et non respectée par une autre de tes maîtresses !

Il n'est même pas vraiment fâché. J'ai su, quelques années après notre rupture, qu'effectivement Moses avait eu une aventure avec elle… Mon instinct ne m'avait pas trompée, encore une fois…

Si Moses a d'autres maîtresses, de mon côté, j'ai aussi des aventures. Un jour, je suis envoyée à New York pour réaliser une entrevue avec le chanteur Will Smith. Là-bas, je rencontre Germain, un cameraman, un *Black* britannique magnifique, élégant, beau comme un dieu. Je suis totalement séduite. Nous commençons une relation, mais je retourne à Montréal. Puis, il m'annonce un jour :

– À cause de la distance, cette relation ne peut pas durer. Je ne veux plus te voir.

Il est 11 h 30 du soir. Je décide de partir à New York sur-le-champ. Je saute dans ma BMW et, cinq heures plus tard, je suis chez lui. Le lendemain matin, il recommence :

– Tu sais quoi, ça ne pourra pas continuer. On ne peut pas avoir une relation normale.

– Mais il n'y a aucun problème, je peux prendre l'avion tous les jours !

– Non, ce n'est pas possible, m'interrompt-il.

– Alors, c'était juste une baise, c'est ça ?

– D'une certaine manière… oui.

J'entre dans une colère terrible et je décide de retourner sur-le-champ à Montréal. Je traverse New York à 150 kilomètres à l'heure. Je me fais coller par la police de New York, connue pour sa grande sévérité. Un policier m'arrête, mais il rit en découvrant une femme si jeune au volant d'une rutilante BMW. Incroyable mais vrai, il me laisse partir sans me donner de contravention. Je me sens alors toute-puissante, l'égale de Dieu. J'ai le sentiment d'être invincible, d'être au-dessus de tout, de contrôler la situation. Je continue de foncer sur la route jusqu'à la maison où je m'attends à avoir un message de Germain dans ma boîte vocale, s'indignant de mon départ subit. Mais je n'ai aucun message ! Alors, je veux mourir. Je prends la BMW et je fonce contre un mur, je recule, je fonce à nouveau dans un autre mur, je recommence. Au bout d'un moment, exténuée, je cesse. Dans la maison, je vide une bouteille de vodka. J'appelle Moses à Toronto le samedi soir et lui dis que je n'aime plus la BMW qu'il vient de m'acheter. Il me dit :

– Écoute, ma chérie, pas de problème.

Le lundi matin suivant, j'ai une Mercedes neuve.

En plus de MusiquePlus, je travaille aussi pour CKMF, une station de radio appartenant au groupe Astral Media, également propriétaire de MusiquePlus. Je suis chargée d'une chronique culturelle le matin et j'anime une émission qui s'appelle *La délinquante*. Pour celle-ci, je me rends en voiture quelque part dans le Grand Montréal et on organise une sorte de chasse au trésor avec les auditeurs pour qu'ils me trouvent. Mais à l'époque, je n'ai pas encore le permis de conduire ! Je me garde bien de le dire, aussi je demande à ma sœur Guylaine de faire mon chauffeur. Mais un jour, ma sœur, avec qui je suis en brouille, refuse de venir. Je décide alors d'endosser véritablement le titre de l'émission et de conduire la voiture moi-même. Comme je ne sais pas conduire, j'ai plusieurs accrochages et puisque j'habite à quelques mètres d'un poste de police, je me fais rapidement intercepter et sermonner. À une autre occasion, j'habille un mannequin que j'assois sur le siège avant pour faire croire que je conduis avec un accompagnateur… Je me fais intercepter de nouveau et, cette fois, sur le conseil des policiers, je prends des cours de conduite.

Un jour, Normand Beauchamp, le patron de la radio CKMF, m'arrête dans le couloir pour me féliciter de mon travail. Ravie, je cours le répéter à Moses qui m'annonce alors qu'il ne veut plus que je travaille là-bas. Je renonce donc à mon poste et je ne retourne plus à la station, sans même prendre la peine de prévenir mes collaborateurs. Cette attitude me coûtera cher pour la suite de ma carrière, car j'acquerrai vite, dans le milieu, une réputation de personne irresponsable et indisciplinée.

Puis, TVA m'approche pour me proposer de collaborer à une émission de télévision animée par Renée-Claude Brazeau et consacrée à la sexualité, *Je regarde moi non plus*, diffusée le vendredi soir à 22 h 30. En plus de Renée-Claude Brazeau, je travaillerais avec Éric Salvail et Marc Boilard. Je suis enchantée, car il faut comprendre que la plupart des gens qui travaillent à MusiquePlus considèrent cette chaîne de télévision comme une plate-forme de lancement vers le milieu professionnel. Mais Moses refuse catégoriquement que j'accepte cette offre. Selon une règle implicite, on ne peut pas travailler à MusiquePlus et pour une autre chaîne en même temps. Je sais que si j'accepte, je vais perdre la protection de mon amant, car Moses considérera ma décision comme une trahison. Ma vie professionnelle et ma vie privée s'entremêlent ; si je quitte mon travail, je quitterai aussi mon amant. Ce choix est très difficile à faire. Mais je ne suis pas satisfaite par ma relation avec Moses, et je rêve de tomber amoureuse d'un homme de mon âge, de me marier et d'avoir une famille.

J'accepte alors la proposition de TVA et démissionne de MusiquePlus. Moses en éprouve beaucoup de peine, mais notre rupture se passe tranquillement. Nous cesserons toutes relations pendant un an, puis je le retrouverai par l'intermédiaire d'un ami commun. Depuis lors, régulièrement, nous nous revoyons amicalement avec beaucoup de plaisir.

Chapitre II

Au début, je m'amuse beaucoup à collaborer à *Je regarde moi non plus*. J'adore le ton de l'émission et l'équipe qui la compose. Julie Snyder est ma patronne, nous sommes très proches, nous nous parlons plusieurs fois par jour au téléphone et l'ambiance est aux fous rires. Entre Renée-Claude Brazeau et moi, une chimie extraordinaire opère immédiatement. Elle est complètement hors norme, formidablement brillante et d'une intelligence que j'ai rarement rencontrée. Notre complicité est immense, elle a trois enfants et les élève seule. Je suis également célibataire et je vis seule avec mon fils. De plus, par un heureux hasard, Renée-Claude n'habite pas très loin de chez moi. Nous devenons d'excellentes copines et nous partageons tout.

Néanmoins, j'ai de plus en plus de mal à assumer le rôle que je tiens au sein de l'émission. Ma mission consiste à tester des gadgets sexuels, alors que je n'utilise jamais de tels gadgets à cause de l'agression dont j'ai été victime avec le rasoir. Mais à l'écran, je suis très crédible ! Je suis volubile et drôle, et l'émission est un succès monstre. Naturellement, je joue un personnage, car, en réalité, personne, à mon avis, n'a une vie sexuelle plus ennuyeuse que la mienne. Quand je vais bien, en dehors de mes périodes de crise, je suis casanière, j'aime la routine, je déteste sortir et je passe les fins de semaine en pyjama à faire des tartes aux pommes avec mon fils. Mais je reçois des courriels de détenus, de vieux ploucs, de cinglés qui me disent par exemple : « Envoie-moi une photo de tes pieds ! Je suis prêt à payer ! » Une femme m'écrit : « Mon mari fantasme sur toi, après l'émission, on a eu un rapport sexuel et il a dit ton nom. » Ces messages pervers font remonter les abus sexuels que j'ai vécus et je me sens agressée. Toute la semaine, je suis une mère de famille modèle, je m'occupe de mon fils, je le conduis à l'école le matin, je vais l'y chercher en fin de journée, je participe au comité de parents, je l'emmène cueillir des pommes. Puis, le vendredi soir, je me transforme en une vamp nymphomane, assoiffée de cul, qui parle de gadgets sexuels ! Un samedi matin, quand je vais acheter du jus de pomme à l'épicerie, une femme m'attrape par le bras dans l'allée pour m'attirer à l'écart et me chuchote à l'oreille : « Hier soir, vous avez parlé d'un pénis en plastique de dix pouces, où est-ce que je peux me le procurer ? » Une autre fois, je suis au restaurant et une femme vient me voir et se confie : « J'ai des difficultés avec les billes qu'on s'insère dans le vagin. Est-ce que c'est vrai que cela fait autant de bien ? » Je deviens très agressive et j'envoie promener les gens. Je réalise que je suis étiquetée « reine du sexe » et cela me met très mal à l'aise.

Parfois, en sortant du plateau, il m'arrive de pleurer toutes les larmes de mon corps parce que j'ai honte. L'émission est tournée devant le public, mais à la fin de l'émission, je ne salue jamais. Je cours me précipiter dans ma loge, je me change et je me démaquille à toute allure. Pour l'émission, je suis toujours très légèrement vêtue, alors je me dépêche de retrouver mon *look* de maman, c'est-à-dire mon jogging. Et il m'arrive souvent, en arrivant sur le pont Champlain, de vouloir balancer ma voiture tout en bas.

Cette émission, ce n'est pas ce que je veux faire à la télévision. Dans ce milieu ingrat et difficile, j'ai bien conscience que la seule façon de survivre est d'être la plus polyvalente possible. Je n'ai pas envie d'être étiquetée « sexe ».

Pourtant, cette émission m'apportera l'une des plus grandes joies de ma vie privée par l'entremise de Renée-Claude Brazeau qui me dit un jour :

– J'ai un ancien amant qui est devenu un très bon ami. J'aimerais te le faire rencontrer.

Je lui réponds en riant :

– Non, je ne veux pas de tes restants !

– C'est un homme extraordinaire, il est beau, il est intelligent, il s'occupe de mes finances et, la semaine dernière, quand je visionnais l'émission, il était là et m'a demandé qui tu étais... Appelle-le !

Pour faire une blague, j'accepte de l'appeler :

– Allo, bonjour, je suis Varda.

– Varda... ?

– Oui, la copine de Renée-Claude.

– La copine de Renée-Claude ?

– Mais oui, la semaine dernière, vous étiez bien chez Renée-Claude ?

– Oui.

Son ton est glacé.

– Je suis la *Black* de l'émission.

– OK. Mais encore ?

– Ça ne vous dit rien ?

– Non.

– Bon. J'ai fait un pari avec ma copine Renée-Claude.

Je l'entends pousser un soupir d'exaspération. Je continue :

– J'ai dit que je vous appellerais pour vous inviter à prendre un verre.

– Je ne sais pas si vous avez du temps à perdre, mais ce n'est pas mon cas. Je ne comprends pas votre blague, elle est peut-être très drôle, mais je suis pris.

Il me raccroche au nez. Je le rappelle aussitôt :

– Attendez, je n'ai pas voulu vous offenser, je suis vraiment une amie de Renée-Claude et j'aimerais vous rencontrer et prendre un verre. Vous avez l'air très sympathique.

– OK, laissez-moi votre numéro, je vous rappelle.

Quelques heures plus tard, c'est lui :

– J'ai parlé à Renée-Claude, entendu, on va se rencontrer. Retrouvons-nous au Lychee, sur Saint-Laurent.

Mon cœur bat fort. Nous sommes le 8 février et, justement, mon chiffre numérologique est le 8 ! Je suis sûre qu'il va se passer quelque chose.

– Comment ferai-je pour vous reconnaître ?

– J'aurai une fleur à la boutonnière.

Je me retiens de hurler de rire tellement je trouve ça quétaine.

Je me rends boulevard Saint-Laurent et je l'appelle de ma voiture en arrivant. Au même moment, je remarque une Volvo dans mon rétroviseur. Je lui demande :

– Avez-vous une Volvo ?

– Oui.

– La BMW argent devant vous, c'est moi.

– Tiens ! Justement, votre phare arrière ne fonctionne pas.

– On va se mettre de côté, lui dis-je en pensant : « Comme ça, au moins, je vais le voir ! Et s'il ne me plaît pas, je vais pouvoir m'en aller ! »

On se stationne et il sort de sa voiture. D'un coup, je me retrouve dans un roman-savon américain, je le vois s'avancer vers moi au ralenti. Je suis bouleversée. Je le trouve beau, mais tellement beau ! En me voyant, il me dit :

– Ah, c'est vous ! Maintenant, je vous reconnais…

« Ben voyons donc », me dis-je…

Nous entrons dans le bar. Je le trouve toujours aussi beau avec sa fleur en plastique horrible, une pivoine, qu'il a achetée au magasin à un dollar. Je lui dis :

– Je m'appelle Varda Etienne. Je tiens à vous dire tout de suite que je suis maniaco-dépressive.

Il rit.

Nous discutons et tout ce que j'apprends de lui m'enchante : il est célibataire, il habite près de chez moi, il a un métier stable, c'est le bonheur ! Mais au bout de deux heures, il s'excuse, car il doit se rendre à un match de soccer. Comme je suis une fanatique invétérée de soccer, j'atteins le nirvana. Je lui demande si je peux aller le voir jouer et il accepte. Je passe près de m'évanouir tant je le trouve sublime dans sa tenue de soccer. Après le match, on s'arrête au Chenoy's, « ouvert 25 heures », un restaurant miteux. Mais je pourrais être aussi bien dans un trou à rats, je ne vois plus rien d'autre autour de moi que Daniel. Je crois que je l'attendais depuis le début du monde. C'est le coup de foudre total. Il me demande si je veux qu'on passe la nuit ensemble. Oui, mais pas chez moi, jamais chez moi. Ma maison est mon havre de paix et aucun homme n'y rentre en la présence de mon fils. Nous décidons d'aller chez lui.

Il vient d'emménager, il y a des boîtes partout. Le lendemain matin, pendant qu'il est sous la douche, je m'enfuis. J'ai si peur que notre nuit ne lui ait pas plu que je préfère me sauver sans le revoir. Plus tard, Daniel me racontera qu'en sortant de la douche, ne me trouvant pas, il a regardé par la fenêtre et m'a vue courir en talons hauts vers ma voiture. Une seconde, il s'est demandé si je ne lui avais pas volé quelque chose…

Nous entamons une relation et, six mois plus tard, je tombe enceinte. Je suis ravie de cette grossesse qui, contrairement à la première, se déroule relativement bien. Daniel est présent à chaque rendez-vous chez le médecin, prend soin de moi et me fait sentir qu'il désire profondément cet enfant. Tout au long de ma grossesse, je continue de participer à l'émission *Je regarde moi non plus* et de parler de gadgets sexuels avec mon gros ventre, et cela me dérange maintenant plus que jamais. J'annonce à Julie Snyder que je démissionne. J'ai la grande chance qu'elle se montre extrêmement compréhensive.

Ma période *Je regarde moi non plus* se termine pourtant sur un drame. Un jour, Jean, un ami d'enfance haïtien, m'appelle pour me faire une étrange proposition.

– Écoute, Varda, j'ai une idée de génie, m'annonce-t-il. Je veux ouvrir un club de danseurs nus et j'aimerais que tu deviennes la porte-parole du club et que tu en sois également actionnaire.

– Mais je n'ai pas d'argent à investir dans ce genre de commerce !

– Peu importe, ce qui m'intéresse, c'est ton nom parce que tu participes à l'émission de TVA. Je te ferai une offre intéressante.

– OK.

Je n'ai jamais été une *fan* de ce genre de boîte. Je trouve même ridicule de dépenser de l'argent pour voir des hommes se trémousser le cul devant des femmes mal baisées en délire. Mais Jean me fait une offre alléchante et, encore une fois, mon goût du fric va me foutre dans la merde…

Le club s'appelle le Play Girl. Il est situé au cœur du quartier chaud de Montréal, au coin de Saint-Laurent et de Sainte-Catherine. Nous faisons une publicité d'enfer pour son ouverture. Des photos de moi immenses, de six pieds sur six pieds, sont affichées sur des camions qui se promènent partout au centre-ville. Je consacre des heures à tout mettre sur pied avec mon équipe, je multiplie les interviews radio pour la promotion et je supervise la décoration du club. TVA m'appuie énormément et Julie Snyder me donne carte blanche.

Le soir de l'ouverture, un vendredi, devant le club, il y a une file de deux mille personnes qui commence au coin de Saint-Laurent et de Sainte-Catherine et remonte jusqu'à la Place des Arts. Nous somme ravis ! Les femmes se bousculent à l'entrée, les caméras de télévision sont sur place. Nous avons réussi.

J'annonce l'ouverture du Play Girl en direct au bulletin de nouvelles de 18 h de TVA. Cela ne s'est jamais fait !

Les Chippendales sont là pour la soirée, et le succès est démentiel.

Vers deux heures du matin, très fatiguée, je dis à Jean :

– Je n'en peux plus, je veux rentrer.

– Pas de problème, tout va bien, va te reposer.

Junior, un des videurs du club, m'accompagne jusqu'à la sortie. Lui aussi est un ami d'enfance. Dehors, je remarque un véhicule stationné, occupé par des *Blacks*. Protecteur, Junior me dit :

– Laisse-moi te raccompagner jusqu'à ta voiture.

– Mais voyons donc, Junior, c'est ridicule, ma voiture est juste là, en face.

– Je suis un homme galant, allez, laisse-moi t'aider à traverser.

– Arrête, ce n'est pas nécessaire, je t'assure. On se voit demain midi pour un compte rendu de la soirée. Merci encore, Junior, t'es génial !

– Pas de problème, Miss V. À demain et dors bien !

Je l'embrasse pour le saluer. Aussitôt, je ressens quelque chose de très étrange, une sorte de malaise, un mauvais pressentiment.

Je suis exténuée. Aussi, je rentre chez moi et ferme mon téléphone. Je dors jusqu'à 10 h le lendemain matin.

À mon réveil, il y a quinze messages sur mon cellulaire. Je panique aussitôt. On est samedi matin, c'est insensé, quelque chose se passe.

Le premier message est de Jean qui me dit en pleurant :

– Rappelle-moi, c'est urgent.

Je l'appelle immédiatement. Il m'annonce :

– Varda, Junior est mort !

– Quoi, mais qu'est-ce que tu racontes, quel Junior ?

– Varda, ils ont tué Junior !

– Qui « ils », quand, pourquoi ?

Je laisse tomber le combiné et j'appelle Daniel en criant.

– Quand nous étions enfants, Junior habitait en face de chez tante Renée, en Haïti. Je le connais depuis toujours !

Le jour même, l'affaire est dans les journaux, à la radio, à la télé. Et, horreur, partout, c'est mon nom qui sort ! Les médias parlent du « club de l'animatrice Varda Etienne »... Les journalistes de TVA, mais aussi ceux des autres stations et des quotidiens, me bombardent d'appels et moi, je panique, je suis perdue, je ne sais pas quoi faire. Jean me dit :

– Viens tout de suite.

Accompagnée de Daniel, je file chez Jean. Plusieurs personnes sont là, des gens du club, des membres de la famille de Jean, que je trouve dans son lit, effondré et en pleurs. On s'interroge. Qui a tué Junior ? Les hypothèses les plus diverses nous assaillent : des compétiteurs ? la mafia ? les motards ? Jean me raconte ce qu'il sait : Junior était accompagné de Frédéric, un de mes amis, un jeune étudiant haïtien de très bonne famille à qui j'avais juste demandé un coup de main pour l'ouverture... Ils se trouvaient dans la voiture du club, marquée Play Girl. À un feu de circulation, la voiture que j'avais vue la veille s'est arrêtée à leur hauteur et ses occupants ont mitraillé Junior. Frédéric n'a pas été touché.

À TVA, c'est la panique. Je suis convoquée.

– Ce n'est pas le genre de publicité que nous souhaitons pour nos collaborateurs, m'informe-t-on.

– Mais je n'ai rien à voir là-dedans !

Je suis terrorisée. J'appelle Julie Snyder. Elle me rassure :

– Ne t'inquiète pas, nous, on sait que ce n'est pas de ta faute.

Encore une fois, Julie me sauve la peau.

Le samedi soir, le club est toujours ouvert. Je suis persuadée qu'il n'y aura pas un chat, puisque l'affaire est dans tous les journaux. Mais c'est bondé ! Quelqu'un m'appelle :

– Varda, il faut que tu viennes prendre le micro pour souhaiter la bienvenue aux gens.

J'ai un ami d'enfance qui vient de se faire descendre et il faut que je fasse ça ! Le stress monte et j'ai une éruption cutanée, des boutons me couvrent le visage. Je pleure, mais je me traîne jusqu'au club et, professionnelle, je fais ce qu'on m'a demandé, les dents serrées.

Dès le lendemain, la Ville nous retire le permis d'exploitation et le club ferme. La police me rencontre et me pose une foule de questions sur mes liens avec Junior et avec Jean.

Sur les conseils de mon avocat et de mon agent, je me dissocie définitivement de l'affaire.

Chapitre 12

L'été suivant, je deviens chroniqueuse à l'émission *Sucré Salé*, diffusée à TVA. Puis, je suis engagée par Yvon Delisle, directeur des programmes de la station Cool FM. Cette radio appartient à Corus Québec, également propriétaire de CKOI et de CKAC. C'est une station rock, et je déteste la musique rock ! On me propose une plage horaire de 9 heures du matin à 3 heures de l'après-midi. Au début, je suis inquiète, car la clientèle est constituée de gros camionneurs qui sont debout à 5 heures du matin et écoutent du *heavy metal*, et je n'y connais rien ! Mais j'accepte le défi. Je rencontre Hugo Veilleux avec qui je ris énormément. Je fais des recherches, j'apprends une foule de choses et je reçois un très bon accueil. Je tiens des lignes ouvertes et je participe à des conversations invraisemblables avec les auditeurs qui me racontent ce qu'ils font : « Mon nom, c'est Bernard, j't'à la frontière de Lacolle, on va planter une cargaison à Burlington. » Je réponds : « Super, Bernard, c'est génial, je t'encourage ! » D'autres me disent : « J'm'en vas v'nir te voir au studio, ma grande Noire, j'vas te donner des becs, t'es ma panthère ! Qu'on te trouve don ben cute ! », etc. Je me sens chérie par tous ces gens que je ne vois pas et qui m'écoutent dans leur camion.

Quelques mois plus tard, un bruit circule selon lequel la station va fermer. Je m'inquiète, mais je sais que mes patrons, dont Pierre Arcand, sont heureux de mon travail. Pierre Arcand me dit de ne pas m'en faire ; si la station devait fermer, je serais relocalisée.

Et, en effet, deux semaines avant Noël, la station ferme. Je panique !

Yvon Delisle me confie :

– On parle de transformer Cool FM en « radio parlée », avec de grands noms comme Paul Arcand et Gilles Proulx. Pierre Arcand t'aime beaucoup, il veut absolument te garder, on va sûrement te trouver une place.

Je pousse un soupir de soulagement. J'appelle Gilles Proulx et je me vends :

– J'ai su que vous alliez avoir une émission au 98,5. Vous savez que je suis là…

– Ah bien, justement, on m'a parlé de toi. J'aime beaucoup ce que tu fais, je voudrais t'avoir dans mon équipe.

Je suis alors chargée de la chronique culturelle de son émission qui s'intitule *Tête de Proulx*. Dès notre première rencontre, ce qui se passe entre nous est extraordinaire. Je me dis : « Ce vieux croûton, insolent, baveux, grande gueule, qui râle pour tout et pour rien, je vais lui en mettre plein la vue. » Gilles est un homme extrêmement cultivé, il a une culture encyclopédique ! En ondes, notre collaboration est magique. Il a quarante-cinq ans de métier à la radio dans le corps et a compris qu'une façon de capter les auditeurs est de faire des éclats, des scandales. Je deviens sa tête de Turc et nos disputes sont épiques. Mais, en réalité, on se rencontre une heure avant l'émission et on se dit : « Bon, OK, aujourd'hui, on se bagarre là-dessus, ils vont péter les plombs, ça va être génial ! » et on s'amuse comme des fous. Pendant plusieurs mois, nous nous renvoyons la balle, nous jouons au ping-pong, au hockey en ondes.

Mais un jour, Gilles arrive de mauvaise humeur. Je n'y prête pas particulièrement attention, car c'est fréquent. Lors de la première des trois interventions qui constituent ma chronique *Que faire ce week-end ?*, je parle du FestiBlues et des artistes invités, dont Marie-Chantal Toupin. Même si sa musique n'est pas forcément ma tasse de thé, je suis attachée à cette chanteuse, je la considère comme une vraie fille, ravissante, sympathique, gentille. Elle a traversé de nombreuses épreuves et travaille fort. Le public québécois l'aime beaucoup. Gilles, qui ne pense pas du tout ce qu'il dit, lance alors, pour créer la polémique :

– Ouais, on le sait bien, elle n'a pas de talent, elle a fait carrière avec ses boules en plastique sur le pont Jacques-Cartier !

Il fait référence à une affiche publicitaire qui a été placardée sur le pont quelques années auparavant, lors de la sortie de son album, montrant une photo de la chanteuse, son somptueux décolleté plongeant en premier plan et ces mots : « Regarde-moi dans les yeux. »

Piquée, j'attaque Gilles :

– Mais pourquoi dites-vous qu'elle n'a pas de talent, pourquoi cette affirmation gratuite ?

Sans véritable motif, Gilles réagit violemment. Il tape sur la table et me jette :

– Pour qui te prends-tu, qui es-tu pour parler ? Toi aussi, tu as des boules en plastique !

Tout le monde au Québec sait que je me suis fait poser des implants mammaires. Je l'ai annoncé publiquement et plusieurs journaux en ont fait mention. J'assume totalement cette intervention qui m'a beaucoup aidée à me sentir mieux dans ma peau. J'ai toujours été disposée à en parler simplement et sans hypocrisie, mais je ne suis pas prête à me le faire envoyer à la figure. Je me sens profondément insultée et attaquée dans mon intégrité. Je réalise qu'il est 4 heures de l'après-midi, et que mon conjoint, ma mère, mon fils, mes amis m'écoutent. Je me sens dénigrée, offensée, humiliée. Gilles s'attaque à ma dignité. Il est déjà si difficile d'obtenir une crédibilité dans ce milieu. Chaque jour, je prépare ma chronique avec amour, je travaille avec acharnement pour livrer du mieux que je peux quelque chose d'intéressant aux auditeurs. Je me sens comme un *punching bag* ; cette fois, il est allé trop loin. Je lui dis :

– De quoi parlez-vous ? C'est une affaire privée !

Gilles se met à crier, martelant la table de lourds coups de poing :

– Tu n'as de leçon à donner à personne sur la vie privée ! Si tu n'es pas contente, débarrasse ! Tu ne connais rien à la culture ! Mon *show* de trois heures, je suis capable de le faire tout seul !

Je me lève et lui lance :

– Alors, terminez-la, ma chronique !

Je sors du studio et je me mets à hurler que je n'y remettrai plus jamais les pieds. Gilles me suit dans le couloir en continuant :

– C'est une ostie d'folle, la tabarnac ! Pour qui elle se prend, câlisse ?

Je me réfugie dans ma voiture et Gilles refuse de retourner dans le studio. Pendant ce temps, de la musique passe en ondes. Les patrons de la radio paniquent. Dany Bouchard, du *Journal de Montréal*, m'appelle en me disant qu'il a tout entendu ! Je fonds en larmes.

Je ne veux plus jamais y retourner !

Le lendemain, le *Journal de Montréal* titre en première page : « Gilles Proulx pète les plombs et Varda claque la porte. » Pendant deux semaines, les journaux parlent de nous tous les jours : « Varda et Proulx : c'est la guerre ! » « Je n'y retournerai pas, annonce Varda Etienne. » « Qu'elle reste chez elle, répond Gilles Proulx. » Quant au directeur des programmes de 98,5 FM, il s'exprime ainsi : « Gilles et Varda sont deux personnes qui n'ont pas leur langue dans la poche et qui vont au fond de leurs idées. Ils sont très sensibles. Ce n'est pas leur première dispute, mais cette fois-ci, ils ont eu une flambée en ondes plutôt musclée. C'est la première fois que Varda quitte l'émission avant la fin, de cette façon-là. »

Le lendemain, je ne reviens pas en ondes. J'entends Gilles déverser son fiel :

– T'es qu'une petite capricieuse, Varda Etienne. Je sais que tu m'écoutes, et si tu ne veux plus jouer sur la patinoire de l'échange qu'on a bâti, je vais te remplacer, tu n'as pas besoin de revenir.

Et ensuite, il pleure dans les bras d'Hugo Veilleux qui m'appelle :

– Varda, je t'en supplie, reviens !

Derrière lui, en fond, j'entends Gilles crier :

– Ramenez-moi Varda, tabarnac ! J'suis pu capable !

Et moi, je réponds :

– Non, je ne reviens pas. Je veux des excuses publiques et des excuses privées.

Je décide de poursuivre la station et Gilles, parce que je suis dans tous mes états. J'engage un avocat, Louis-François Hogue, qui est un ami de Julie Snyder et également l'avocat de Quebecor. Ce dernier me dit :

– Tu vas dire aux journalistes que tu ne peux pas accepter l'inacceptable.

Et le lendemain, le *Journal de Montréal* titre : « Varda ne peut accepter l'inacceptable ! »

Les patrons du 98,5 FM m'invitent à dîner, à souper, me supplient, puis me menacent en me disant que si je quitte la station, ils ne pourront plus rien faire pour moi, mais je résiste et reste sur mes positions.

Quelques mois plus tard, Gilles Proulx fait savoir dans les médias qu'il souhaite mon retour. Un nouveau dialogue paraît dans le *Journal de Montréal* :

« Je reconnais le talent de communicatrice de Varda. Radiophoniquement, il n'y a pas de doute, j'aimerais l'avoir de nouveau avec moi. Sa présence, sa rapidité à répliquer et son ton me manquent.

Je n'ai pas cinq sous de rancune à son endroit, mais je ne regrette pas mes propos, dit Gilles Proulx. » « Depuis le début de cette histoire, il ne s'est jamais excusé. Je ne retournerai pas à son émission s'il ne le fait pas. C'est un minimum de considération, répond Varda. » « Je ne me mettrai pas à genoux devant elle. J'ai été assez beurré épais en tant que macho du siècle ! C'était regrettable, mais là, ça devient de l'obsession ! Je la croise dans les corridors, une vraie statue de sphynx, c'est de la névrose ! lance Gilles Proulx… »

Finalement, Érick Rémy propose de me prendre dans son émission, le *Showbiz chaud*. Il organise un Vardathon en demandant aux auditeurs s'ils veulent que je me joigne à son équipe, et ils me sont favorables.

Érick est un des êtres les plus généreux que j'aie rencontrés dans ma vie. Il n'a pas besoin de moi, son équipe est complète, mais il décide de me tailler une petite place. Au début, je suis chargée de la critique des nouveautés qui sortent en CD et DVD, puis, plus le temps passe, plus Érick me laisse de l'espace. Je deviens une sorte de « fou du roi ». Tout ce que les gens pensent tout bas, je le dis tout haut. Je me fais ainsi beaucoup d'ennemis dans le milieu artistique québécois en critiquant les artistes et leurs productions. Quand je les trouve mauvais, je le dis.

Je travaille ensuite pour TQS à l'émission *Flash*, où j'ai pour mission de commenter les tenues vestimentaires des artistes dans les galas. Je le fais avec haine, cruauté et méchanceté, sans me soucier ni avoir conscience de les blesser. Je me souviens particulièrement d'un gala de l'ADISQ pour lequel Ariane Moffatt avait choisi de porter une robe d'Andy Thê Anh. Le vêtement est d'une couleur bleu-gris, taillé dans un tissu en filet. Ariane Moffatt, qui est une chanteuse de grand talent, ressemble dans cette robe à un mollusque pris dans un filet de pêche et je me moque copieusement de sa tenue au micro. Puis, je vais au devant d'elle et elle me répond avec beaucoup de gentillesse en paraissant contente de me voir. Elle est heureuse de la soirée, elle est en nomination. Elle m'apprend qu'elle est habillée par un designer québécois, qu'elle a consacré beaucoup de temps à choisir sa robe et qu'elle y a pris grand plaisir. Mais c'est d'une telle horreur ! Et je n'hésite pas à le dire. Le lendemain, quand je vois l'émission, je suis mortifiée. Je suis anéantie par mes propos, au point que j'ai peur de sortir de chez moi.

Aujourd'hui, je me demande si cette façon d'attaquer les gens était le reflet de mon état d'âme de l'époque, car je me sentais vraiment mal avec moi-même à ce moment. C'est vrai que mon mandat était de me montrer critique, mais je regrette d'être allée si loin.

Ma maladie me conduit souvent à adopter des attitudes de diva. Dès le début de mes crises, je ne respecte plus les horaires, je viens quand je veux et, quand je déprime, je ne viens pas du tout, parfois sans même prévenir et sans me préoccuper des conséquences. J'ai été très vite reconnue dans le milieu comme étant difficile. Je ne supporte pas la routine et je refuse de me dénaturer. J'ai l'habitude de dire tout ce que je pense.

Dans ce milieu hypocrite, personne ne se comporte comme ça. Soit les gens me détestent, soit ils me vénèrent. Certains parlent de moi comme d'une « adorable folle ». On me trouve décapante, tordante, géniale. On parle de moi comme étant la « spécialiste de la bitcherie intelligente », la « spectaculaire terreur du *showbiz* » et on m'admire parce que rien ni personne ne m'impressionne. Je suis « Varda la magnifique », dont on cite les « vardasseries ». Je me permets des commentaires en ondes à propos de certaines personnes qui sont intouchables au Québec, comme lorsque j'étais à MusiquePlus et que j'avais livré une information concernant Julie Snyder et Pierre Karl Péladeau, ce qui leur avait fait de la peine. À l'époque, je me sentais protégée par Moses, et je l'avais d'ailleurs appelé pour l'informer de mon intention. Il m'avait répondu de faire ce que je voulais et que cela ne lui posait aucun problème.

Plus tard, quand j'ai rencontré Julie, elle me raconta qu'elle ne voulait pas m'engager, mais comme son équipe le souhaitait, elle avait accepté de le faire à contrecœur. Et elle ajouta qu'à la suite de mon commentaire, Pierre Karl et elle avaient été à deux doigts de lancer une poursuite contre moi et que, s'ils ne l'avaient pas fait, c'était pour ne pas me faire de publicité. J'ai alors ressenti une grande honte, j'étais humiliée et je me suis confondue en excuses. Je trouve très grand de sa part qu'elle m'ait engagée quand même et je lui en serai éternellement reconnaissante. Après cette rencontre avec elle, nous avons noué une amitié très étroite. Julie est aussi une grande angoissée, elle me comprend très bien quand je me confie et je ne me sens jamais jugée. Je peux l'appeler à n'importe quel moment et elle m'est d'un grand soutien. J'ai un profond respect pour elle. Elle est l'un des seuls patrons de ma vie qui aient toléré et compris mes crises, avec Michelle Raymond, de Canal Évasion, et Fabienne Larouche.

En ce qui concerne cette dernière, comme je faisais souvent des remarques désobligeantes sur ses émissions, elle me demanda un jour pourquoi je critiquais aussi violemment tout ce qu'elle faisait et me conseilla très fortement de prendre le temps de regarder les émissions avant de les juger. Plus tard, en visionnant *Virginie* et *Fortier*, je fus véritablement séduite et l'appelai pour m'excuser.

Quelque temps après l'épisode de ma dispute avec Gilles Proulx, alors que l'ouragan Jeanne dévastait les Gonaïves, en Haïti, je décide, avec Renée-Claude Brazeau, d'amasser des dons et de les apporter là-bas. Julie Snyder nous aide beaucoup dans cette démarche et Pierre Karl Péladeau a la bonté de mettre à notre disposition le jet privé de Quebecor dans lequel nous entassons des vivres, des vêtements et des médicaments pour les sinistrés. Je n'oublierai jamais que, au moment de trouver des personnes susceptibles de nous donner de l'argent, j'ai appelé Fabienne Larouche et elle m'a immédiatement fait porter un chèque. Fabienne est très généreuse et elle contribue à un grand nombre d'œuvres caritatives.

Ce voyage en Haïti est violent sur bien des plans. Depuis mon adolescence, je vais plusieurs fois par an en Haïti. Chaque fois que j'arrive là-bas, en descendant de l'avion, je ressens un sentiment d'appartenance très profond à cette terre, même si je n'y suis pas née.

C'est un pays mystique et, pour moi, très rassurant. J'y ai de merveilleux souvenirs. Haïti chérie n'est pas seulement ce grand bidonville qu'on voit en permanence au petit écran. Il existe aussi un autre pays moins médiatisé, beaucoup plus riche, dont on ne parle jamais. Les Haïtiens sont extrêmement sympathiques, accueillants et chaleureux, malgré la misère dans laquelle ils vivent. Je ne côtoie pas la misère d'Haïti, car dès que je sors de l'aéroport, je me rends directement dans ma famille ou chez mes amis à Port-au-Prince. La plupart d'entre eux vivent à Belleville, un endroit qui ressemble à Miami ou à Hawaï. C'est une aire entourée de hauts murs et surveillée par des gardiens dont certains sont armés jusqu'aux dents. Il faut un code pour y entrer et il est obligatoire de s'identifier à la grille. Derrière les murs, les maisons sont gigantesques.

L'un de mes meilleurs souvenirs d'Haïti est un moment de simplicité parfaite. Un de mes amis, Randall, issu d'une famille extrêmement riche habitant une maison sublime près de l'océan, a fait construire pour lui, pas très loin de la grosse maison familiale, directement sur la plage, une toute petite maison avec une seule chambre. Il n'y a ni eau courante ni électricité. Lorsque j'y suis allée, je me lavais dans la mer. J'ai adoré ça. Tous les matins, un garçon de cour m'emmenait en mer rencontrer les pêcheurs pour acheter du poisson. Naturellement, il n'y avait aucun gilet de sauvetage et, chaque fois que je montais dans la barque, je n'étais pas sûre de pouvoir revenir tant elle était délabrée. Mais au milieu de l'océan, c'était fantastique. Les bateaux de pêcheurs venaient à notre rencontre pour nous vendre leurs poissons. Je n'ai jamais mangé nulle part ailleurs des poissons aussi délicieux. On les préparait avec juste de la lime, du sel et du poivre, puis on les cuisait sur du charbon de bois. On buvait de l'eau de noix de coco mélangée avec du rhum. Moi qui ne bois pas, j'étais vite saoule ! On jouait du tam-tam et des percussions. On se contentait de peu, on était loin de la civilisation et on avait un plaisir fou.

Quand, avec Renée-Claude, nous débarquons en Haïti, nous nous rendons chez Pierre, mon cousin orthopédiste.

– Quel plaisir de te voir ! Que viens-tu faire ici ? On te connaît, tu es l'excentrique de la famille ! Es-tu venue nous faire une surprise ?

– Nous sommes ici pour aider les enfants des Gonaïves.

– Aider les enfants ? Tu t'es déplacée de Montréal pour venir sauver les enfants des Gonaïves ?

– Tu n'y vas pas ? Comment ça ?

– Parce que j'ai assez d'ouvrage ici à Port-au-Prince.

– Oui, mais c'est pas possible, il y a une catastrophe ! Il y a un manque criant de médecins !

– De toute façon, Varda, je pars cette semaine en croisière pour mon vingtième anniversaire de mariage.

Il me regarde comme si j'étais totalement timbrée.

Renée-Claude a peine à cacher sa déception. Elle ne cesse de s'étonner depuis son arrivée. En Amérique du Nord, les gens ont de la peine à imaginer la réalité en Haïti. Renée-Claude ne se figurait pas qu'il puisse y exister des gens aussi riches. Elle est étonnée de l'opulence dans laquelle ils vivent, qui ne peut se comparer en rien à la richesse nord-américaine. Mon cousin fait partie de ces gens privilégiés qui vivent dans l'opulence, alors qu'autour de lui, la majorité des gens vivent avec deux dollars par jour. En Haïti, il y a des gens pour tout faire, et on ne fait rien ! Je me souviens même que lors de mes séjours précédents, cela me tapait sur les nerfs d'être dérangée tous les matins par une bonne qui venait me dire, avec son accent créole :

– Madame Varda, qu'est-ce que vous voulez manger ce matin ? Madame Varda, on va faire couler le bain. Madame Varda, vous le

voulez chaud ? Madame Varda, vous le trouvez trop tiède ? Madame Varda, vous voulez qu'on appelle le monsieur qui va faire le pédicure ? Madame Varda…

Cela m'horripile que des personnes bien plus âgées que moi m'appellent « madame ». Mais dans cette maison, les enfants de mes cousins, qui ont quatre ou cinq ans, sont appelés aussi monsieur ou madame.

Lorsque j'étais plus jeune, mon cousin avait offert à sa femme un petit chien, un berger allemand. Elle l'adorait. Elle le traitait aux petits oignons. À un moment, le garçon de cour a sorti la voiture de « Madame » à sa demande et, par inadvertance, a écrasé le chien. Le garçon a été flagellé devant mes yeux. Ma cousine lui a dit :

– La vie de ce chien vaut plus que la tienne.

On parle de racisme, d'esclavage, alors que nous, Haïtiens, nous faisons pire aux gens de notre sang ! C'est épouvantable.

Mon cousin nous offre de rester chez lui, mais nous décidons de dormir à l'hôtel, en ville. Le lendemain matin, nous partons pour les Gonaïves. Là-bas, on trouve le bordel. C'est plein de fonctionnaires bien habillés, portant la cravate, qui discutent dans des immeubles climatisés pendant que des gens meurent de faim et ne reçoivent aucun soin. L'aide humanitaire vient de partout, d'Uruguay, d'Argentine, du Brésil, mais la nourriture n'est pas distribuée et pourrit dans les entrepôts pendant que les représentants sont logés dans des hôtels cinq étoiles. On demande de l'aide aux Casques bleus pour aller aux Gonaïves, mais ils refusent de nous accompagner parce qu'ils ont peur. J'engage alors deux agents de sécurité pour nous protéger. Les Casques bleus nous disent qu'on va se faire tirer dessus, que les jeunes attaquent les convois. C'est d'ailleurs ce qui nous arrive. Des jeunes armés, sachant qu'on transporte des vivres et des médicaments, nous tirent dessus. Nos gardes du corps tirent en l'air pour leur faire peur. Renée-Claude et moi nous terrons dans le fond de la Jeep pour éviter les balles.

Enfin, nous réussissons à atteindre le village où nous distribuons les denrées que nous avons apportées. Personne n'est venu dans ce village depuis le passage de l'ouragan, voilà deux semaines. La situation est inimaginable. Les gens se lavent dans une eau infectée. Dans un centre d'accouchement, je vois des femmes avec des infections vaginales mortelles et des bébés mort-nés. La chaleur est épouvantable, l'odeur, atroce. Des cadavres humains et des cadavres d'animaux flottent sur l'eau. Nous nous rendons dans un orphelinat tenu par des religieuses. Une longue file d'enfants attend pour se faire vacciner. Je craque, je n'en peux plus et je m'effondre. Une des religieuses me dévisage et me demande très froidement :

– Pourquoi pleurez-vous autant ?

– C'est épouvantable, toute cette misère !

– Madame, nous vivons cela tous les jours. Ressaisissez-vous, s'il vous plaît.

Comme je dispose de beaucoup d'argent en espèces que m'ont donné différents artistes québécois, je le distribue à des gens dans la rue. Je me souviens particulièrement d'une des femmes que je croise. Elle baigne dans l'eau jusqu'à la taille, elle porte dans un pagne une petite fille de quelques mois, sur la tête un gros panier, des vivres et une cafetière et, sur son dos, une chaise. Quand je vais à sa rencontre, elle me dit :

– C'est tout ce qu'il me reste et je ne sais pas où je vais.

Je pense : « Ce n'est pas possible, ce n'est pas possible ! » Je lui donne 300 dollars. Elle n'en revient pas. Mon garde du corps s'indigne et me dit que c'est beaucoup trop. J'encourage la femme :

– Allez à l'hôtel !

Elle me regarde comme si j'étais une extraterrestre. Je l'entends penser : « Encore une connasse de la diaspora qui ne sait rien ! »

À mon retour à Montréal, je me sens affreusement coupable de retrouver mon luxe quotidien. En sortant de l'aéroport de Dorval, je m'engouffre dans mon camion Mercedes et je fonds en larmes tellement cela me fait souffrir de retourner dans ma maison de parvenue qui vaut des milliers de dollars et de reprendre ma vie avec mon mari, mes enfants, la nounou ! Je me dis : « C'est donc ça, la vie ? » Pendant deux semaines, je m'enferme et refuse de sortir. Je ne veux voir personne. Je m'en veux horriblement. À un moment, lors d'une conversation avec un ami, il me dit :

– Varda, tu ne peux pas sauver le monde, voyons, tu le sais bien !

Je n'ai pas cette prétention, mais je crois que c'est mon devoir, en tant qu'Haïtienne privilégiée de ce monde, d'aller aider les plus démunis que moi.

Quelque temps plus tard, après la naissance de mon troisième enfant et alors que je subis les effets d'une pénible dépression post-partum, je traverse une période de purgatoire : mon contrat au 98,5 FM n'est pas renouvelé. Quand mon patron m'appelle pour me dire que, « malheureusement », ils ont besoin de quelqu'un de plus disponible qui puisse sortir le soir pour couvrir les événements, je suis prise de nausées et d'étourdissements. Mais je me contrôle, bien que je me sente au bord de l'évanouissement. Je sors et tombe en pleurs dans les bras d'Érick Rémy. Toujours en pleurs, j'appelle Fabienne Larouche. Elle m'accueille immédiatement chez elle et fait plusieurs appels, me vantant auprès de ses interlocuteurs. Puis, elle m'embauche comme comédienne dans l'émission *Virginie*. Encore aujourd'hui, j'ai pour elle une grande reconnaissance.

Je me marie avec Daniel au début de l'automne suivant, plusieurs mois après la naissance de Dahlia. Une période très difficile survient rapidement. Je suis convaincue que mon mari me trompe et je suis extrêmement paranoïaque. Comme je suis amie avec Daniel Pinard, qui m'a confié avoir déjà souffert de dépression, je lui parle de mon état et il me conseille amicalement d'aller voir son médecin. Mais ce médecin me prescrit une médication qui ne me convient pas, et je suis de plus en plus déprimée, au point où mon mari et ma mère me font interner en psychiatrie, contre mon gré, à l'hôpital Notre-Dame. Dans ce service, les agents de sécurité sont plus nombreux qu'ailleurs au cas où un patient se sauverait ou ferait du grabuge.

Quand j'arrive, l'un d'eux, un Haïtien, me salue et me dit :

– Vous vous êtes trompée de service ?

– Je vais mal, je suis dans un état léthargique, je bave et j'ai du mal à parler, mais je parviens à lui répondre :

– Mais non, je suis bien en psychiatrie.

– Vous êtes bien Varda, de la télé ?

– Oui.

– Est-ce que vous pouvez me donner un autographe ? me demande-t-il, manifestement très content.

– Vous ne trouvez pas que ce n'est pas le moment ?

Mais le gardien insiste lourdement, me mettant dans l'embarras. Heureusement, à ce moment, le médecin arrive. Je lui dis :

– Docteur, je veux signer un refus de traitement.

Il me répond :

– Je suis désolé, madame Etienne, cela n'est pas possible parce que vous avez été hospitalisée à la demande de votre mari et de votre mère.

Je pique une crise, j'étouffe, j'ai l'impression d'être en prison ! Le médecin me dit alors :

– Madame Etienne, si vous ne vous calmez pas, nous allons être obligés de vous mettre la camisole de force, de vous attacher !

Je panique ! Mais je me calme et vient alors un infirmier gay, très sympathique, qui me reconnaît et me propose de me mettre en enfermement dans l'isoloir afin de m'éviter d'être en contact avec d'autres malades. Il me parle très gentiment durant une demi-heure, pendant que l'agent de sécurité, derrière la porte en verre, me fait des clins d'œil et de grands signes en me montrant le papier sur lequel il veut son autographe. Comme je suis très agitée, l'infirmier me donne un sédatif puissant et je m'endors.

Quand je me réveille, ma mère et mon mari sont déjà là. J'agresse immédiatement mon mari :

– Je sais que tu veux ma mort ! Tu me fais hospitaliser, tu me fais droguer parce que tu veux avoir la garde de nos enfants ! Tu as une maîtresse, n'est-ce pas ?

Je sors de l'hôpital avec mon mari, une panoplie de pilules et un rendez-vous pour aller voir mon psychiatre dans les jours suivants. Je me sens toujours aussi mal.

Or, à ce moment-là, Valérie, la recherchiste d'Éric Salvail, me téléphone pour me proposer de participer à un sketch d'humour avec Éric. J'aime beaucoup Éric, aussi j'accepte. Mais je le fais sans savoir de quoi il s'agit vraiment ; je suis tellement mal dans ma tête que je l'écoute à peine. Je suis d'une maigreur squelettique, je pèse moins de cent livres, alors que mon poids normal est de cent trente livres, et je pense que, lorsque j'arrive sur le plateau, il apparaît clairement que je suis malade. Je fais l'émission sans réfléchir. Il s'agit d'accueillir un Français à qui l'on fait un *make-over* et de se moquer de lui. Il se prête d'ailleurs volontiers au jeu. Sur le plateau, on le plonge dans une baignoire pour lui expliquer les règles de l'hygiène en Amérique du Nord. Il est tout poilu et je mets toute une série de produits nettoyants dans son bain, y compris des produits pour la maison. J'ajoute du talc et du shampoing en lui disant :

– On sait bien que vous, les Français, vous avez des poux qui jouent au soccer dans vos cheveux !

Je reconnais que c'est de très mauvais goût. Mais c'est aussi réellement bête et cela se voulait humoristique. Donc, aujourd'hui, je n'ai toujours pas compris pourquoi les Français l'ont si mal pris.

J'ai souvent servi de grande gueule et de garce de service sans le vouloir et, là, c'est ce que je fais, convaincue que je suis drôle.

Quand l'émission est diffusée, je ne la regarde pas mais, le lendemain, c'est la folie ! On nous traite de racistes dans les journaux, TVA est blâmée, c'est invraisemblable ! Je tombe dans une dépression et une paranoïa aiguës, je crois que l'armée française campe devant ma porte, qu'elle va me tuer, me kidnapper, me mettre en prison ! Je reste cloîtrée chez moi pendant deux semaines. Quelqu'un de TVA m'appelle pour me demander de m'excuser. J'accepte, mais en fait je suis si mal que cela m'est indifférent. Cette histoire ne fait qu'enfoncer les clous de mon cercueil, et je suis résolue à me cacher.

Tout va mal dans ma vie. Avec Daniel, nous parlons de divorce. Je fais plusieurs séjours à l'hôpital psychiatrique. Je cesse de m'alimenter complètement et je perds encore davantage de poids. Je recommence à entendre des voix. Je deviens agressive et complètement paranoïaque. Je demande que tout le monde sorte de la maison. Daniel va vivre chez ses parents. Mes enfants vont chez ma mère. Je ne travaille plus.

Avec l'aide de mon médecin et les médicaments qu'il me prescrit, je me remets tout doucement. Une radio du Saguenay, Kyk FM, m'appelle et m'offre une chronique quotidienne. Je la fais de chez moi, en pyjama, et j'y prends beaucoup de plaisir.

En même temps, j'écris une téléserie qui s'appelle *Femmes de gangsters* et qui raconte l'histoire de trois femmes, une Italienne mariée avec un chef de la mafia, une Haïtienne mariée avec un chef de gang de rue et une Québécoise mariée avec un motard. Cette série met de l'avant le point de vue des femmes et ce qu'elles vivent dans le monde interlope.

Les autres

De haut en bas : Maman et moi avant mon départ pour Haïti.
Ma sœur Guylaine à deux ans et demi et moi à cinq ans.
Noël de mes six ans.

Page de gauche : Paris, été 1992.

Page de droite, de haut en bas : Entrevue avec Grace Jones à Montréal. Photo promotionnelle de MusiquePlus.

Citytv

Page de gauche : Moses Znaimer, grand amour de ma vie. Cette photo a servi pour tapisser mon bureau.

Page de droite : Mon ami Randall Acra issu de la bourgeoisie haïtienne, sa copine Mimi et moi en Haïti.

Mon fils Alexis, ma mère Maryse,
ma sœur Guylaine et mon fils Sacha.

Mes trois enfants : Dahlia, Alexis et Sacha.

Jour de mon mariage, 2 septembre 2006.
Mon mari Daniel, mes trois enfants
adorés et moi.

Par souci d'honnêteté, j'ai voulu que les personnes de mon entourage qui ont été les premières à subir les répercussions de ma maladie, mon père, ma mère et ma sœur, témoignent elles aussi dans ces pages. Ma mère et ma sœur ont eu beaucoup de difficulté à accepter ma maladie et je le comprends, vu notre culture et la proximité dans laquelle nous vivions.

Je conçois que ma mère puisse même ne jamais l'accepter, car elle se sent à la fois impuissante et coupable. Je suis consciente de la souffrance que ma maladie lui a causée et je comprends sa douleur de mère, démunie devant la détresse de son enfant. Même si elle n'a pas su quoi faire devant mes crises, elle a toujours été présente et elle a fait ce qu'elle a pu. Je ne veux pas que ma mère souffre du fait que je raconte les abandons et les abus dont j'ai été victime dans mon enfance, elle n'en est pas responsable. Mais j'ai besoin d'en parler pour m'en libérer. Je continue en effet de penser que ces événements ont beaucoup compté dans le développement de ma maladie. Cependant, je comprends maintenant qu'à l'époque, mes parents ont fait ce qu'ils pensaient être le meilleur pour moi. Je sais que, culturellement, c'est ainsi que cela fonctionne chez les Haïtiens. Dans cette société matriarcale, les enfants sont élevés en meute. Toutes mes amies haïtiennes ont été élevées par plusieurs tantes, c'est très commun. Mais pour moi, cela a été fatal.

Par ailleurs, je ne juge pas ma mère, car j'ai fait la même chose qu'elle avec mon fils puisque je le lui ai confié quand il était tout petit. Ma mère est une grand-mère parfaite, aimante, présente, patiente et je lui serai éternellement reconnaissante d'avoir pris soin de mes enfants.

Je voudrais recréer des liens avec ma sœur. Ma maladie est en grande partie responsable de notre rupture. Je sais qu'elle n'est pas d'accord avec mes choix, mais je voudrais qu'elle me comprenne. Tout est question de perception, et ma sœur est si différente de moi… Nous ne vivons pas la même réalité. Quand je lui raconte mon histoire, elle a le sentiment que nous n'avons pas vécu dans la même maison. Nous avons les mêmes parents, les mêmes gènes, mais nous ne sommes vraiment pas les mêmes. Et au bout du compte, je considère que c'est elle, la plus chanceuse de nous deux, puisque c'est moi qui ai la maladie...

Mon père, c'est tout autre chose. Il a toujours été d'un très grand soutien et d'un grand réconfort. Durant mes périodes de crise, mes parents ont des réactions totalement opposées. Ma mère panique, pleure, s'agite, et mon père demeure d'un calme olympien. Il ne s'énerve jamais, ce qui démontre à quel point il comprend ma maladie. Avec mon psychiatre, c'est certainement lui qui m'apporte la plus grande aide, il est mon meilleur allié. C'est un homme merveilleux et il est l'être le plus important de ma vie, sans oublier ma mère, bien sûr.

Voici donc les témoignages de mes proches.

Maman

La maladie de ma fille a été très dure pour moi et elle continue de l'être. À tel point que chaque fois que le téléphone sonne et que le numéro de Varda apparaît, je fonds en larmes et je me demande : « Que se passe-t-il, qu'est-ce qu'il y a encore ? » Je trouve ça très difficile à vivre.

Au début de sa maladie, comme tout parent, je ne l'ai pas acceptée, et mon ex-mari non plus. Bébé, elle ne dormait pas la nuit et dormait le jour. À nous, les Haïtiens, on dit qu'il faut faire faire des *loopings* au bébé quand il prend la nuit pour le jour et le jour pour la nuit. Varda était ce genre de bébé. À l'époque de sa naissance, je n'occupais pas un très bon poste. Ma mère vivait avec moi, mais elle devait partir pour Haïti et elle a voulu emmener mon bébé. Elle m'a dit : « Je pense que je vais emmener Varda avec moi en Haïti parce que je ne fais pas confiance aux gardiennes d'ici, et puis, tu auras trop à faire pour t'occuper d'elle en revenant du travail. » Ma mère souffrait d'un cancer. Pourtant elle ne le savait pas encore, mais elle me disait que si elle n'emmenait pas Varda avec elle, elle ne pourrait pas lui donner beaucoup de temps. Alors, je la lui ai confiée et elle est partie quelques mois.

Varda m'a fait beaucoup souffrir avec cet épisode de sa vie. Quand elle fait ses crises, la première chose qu'elle me dit, très méchamment, c'est que je l'ai envoyée en Haïti avec sa grand-mère quand elle était bébé, alors que je n'ai pas fait ça avec sa petite sœur. Je lui ai expliqué les circonstances, mais encore aujourd'hui, quand il y a quelque chose qui se passe entre nous, elle m'en parle tout de suite parce qu'elle sait que cela me blesse.

Varda a été très gâtée. Je ne sais pas si c'est parce qu'elle était notre premier enfant, mais on la chouchoutait beaucoup. Petite, elle bougeait sans arrêt dans tous les sens. Elle dormait peu et si elle faisait la sieste, à la minute où elle entendait la clé tourner dans la porte quand son père revenait de travailler, elle se réveillait, elle restait debout et il n'était plus possible de la recoucher.

À l'école, par contre, ça allait très bien. Elle a sauté plusieurs classes. En fait, dès la garderie, on m'a dit de la mettre en maternelle, et là, on m'a dit qu'elle perdait son temps et qu'il fallait l'inscrire à l'école, alors on l'a inscrite au Collège français. De ce fait, elle a sauté un bon nombre d'étapes.

Mais Varda n'en a jamais fait qu'à sa tête. Elle était très impertinente, elle nous manquait de respect. Son père a reçu une éducation très stricte et se comportait de manière très sévère. De mon côté, je suis plutôt calme, aussi il m'arrivait de laisser passer certaines choses. Parfois, je donnais à Varda une permission que son père lui refusait ensuite, car il disait non à tout. Cela rendait Varda très frustrée. Des fois, elle se jetait par terre et battait des pieds. Alors, je m'interrogeais vraiment, je me posais beaucoup de questions. Elle avait un comportement très différent de celui de sa sœur. Varda disait ce qu'elle pensait, que ça plaise ou non. Mais ce tempérament l'a aussi conduite à sa réussite, en particulier dans son travail.

Son adolescence fut difficile. Nous faisions beaucoup d'efforts pour la mettre dans de très bonnes écoles, mais elle fuguait ou tentait de se suicider et nous nous retrouvions aux urgences. À un moment, son comportement donnait à penser qu'elle prenait de la drogue. Mais elle n'y a jamais touché. Je me rappelle qu'un soir, une amie l'a raccompagnée à la maison, et Varda ne savait même pas ce qu'elle faisait. Je l'ai couchée et, vraiment, j'ai cru qu'elle était droguée et pourtant, ce n'était pas ça. Puis, lorsqu'on m'a conseillé d'emmener Varda voir un psychiatre, ma première réaction a été de me dire : « Mais ma fille n'est pas folle ! »

Je porte une part de responsabilité dans la vie que ma fille a vécue ensuite. Si j'étais allée consulter plus tôt, si on avait pris la maladie tout au début, peut-être que cela aurait été mieux. J'allais visiter Varda à l'hôpital plus souvent que son père. Je crois qu'il a eu beaucoup de mal à accepter la maladie de Varda. Je sais qu'il l'a emmenée en Haïti pour faire des séances de guérison vaudou. Il a le droit de croire ce qu'il veut, mais moi, je n'y crois pas, et je n'étais pas là. Il a voulu tout essayer pour la guérir.

Dans ma famille, tout le monde savait que Varda était malade. Mais quand je devais la conduire à l'hôpital, je n'avais plus d'appui. Mes cousines, dont je suis très proche, ne m'ont jamais proposé de m'accompagner et j'ai toujours dû y aller seule. Je ne leur ai jamais dit que cela me faisait de la peine, et aujourd'hui, je ne leur parle même plus de la maladie de Varda. D'où vient sa maladie? Je sais qu'elle est héréditaire, mais je ne vois personne dans ma famille qui en soit atteint. Cependant, en Haïti, les gens cachent beaucoup de choses.

Pour moi, la maniaco-dépression est une maladie très lourde à vivre. Cela me fait beaucoup de peine parce qu'à certains moments, Varda n'est plus capable de se supporter. Quand elle fait ses crises, elle ne s'appartient plus, ce n'est vraiment plus la même personne, elle devient quelqu'un d'autre, elle envoie tout le monde au diable, elle reste couchée, elle ne bouge pas, elle ne fait plus rien, et on est obligé de prendre soin d'elle. Je l'appelle très souvent. Et quand elle me répond: « Je n'ai pas le temps, je ne peux pas te parler », alors je sais qu'il va se passer quelque chose. Cette semaine, par exemple, elle n'arrêtait pas de me dire que le mois d'octobre arrivait et qu'elle allait sûrement avoir des crises. Alors, je lui ai dit: « Écoute, ne parle pas comme ça, ne pense pas ainsi, sois forte. Cette fois-ci, dis à la maladie que tu vas gagner, que tu vas tout faire pour qu'elle ne vienne pas t'affaisser. C'est comme ça que tu dois la prendre. » Mais depuis qu'elle m'a dit ça, chaque fois que le téléphone sonne et que je vois que c'est Varda, je ne me sens vraiment pas bien. Mon cœur bat très fort et je lui réponds: « Vite, dis-moi ce qu'il y a ! » Je suis vraiment inquiète quand elle est dans cette humeur-là. Je lui demande si elle a pris ses médicaments et elle me répond: « Les médicaments, c'est de la merde ! » Alors, je sais qu'il va se produire une nouvelle crise.

Quand elle est malade, tout son entourage le devient: ses enfants, son mari, moi… Comme il me semble qu'elle ne guérit pas avec le temps, j'ai l'impression que je serai aussi malade jusqu'à la fin de ma vie. Une de mes amies, Thérèse, souffre aussi de cette maladie. Un jour, elle est allée se déshabiller à l'oratoire Saint-Joseph et il a fallu appeler la police. Mais aujourd'hui, elle va bien mieux que Varda, qui continue de faire beaucoup de crises. Pourquoi Varda n'est-elle pas comme Thérèse? Parce qu'elle ne prend pas ses médicaments quand elle se sent bien. Parfois, je me demande si elle ne joue pas avec sa maladie pour me manipuler. Quand elle veut quelque chose, Varda est capable de blesser. Je suis quelqu'un de très calme, ce qui l'excite peut-être encore plus. Peut-être que si je m'énervais, cela ferait son affaire.

Varda et sa sœur ne s'entendent pas et cela me fait beaucoup de peine. Autrefois, à Noël ou au jour de l'An, la maison était pleine, mais aujourd'hui, à cause de Varda, je ne peux plus recevoir ceux que j'aime en même temps. Je ne peux plus les réunir ni voir la famille au complet. Je mourrai peut-être sans les revoir tous ensemble… Varda ne parle plus à mes cousines, elle en veut à tout le monde. Elle ne garde pas ses amis longtemps, car dans ses périodes de crise, elle leur fait trop de peine.

Mais à part la maladie, Varda est une très bonne fille. En tant que mère de famille, je lui tire mon chapeau. Elle s'occupe très bien de ses trois enfants, à tous points de vue, quand elle va bien. Quand elle est en crise et qu'elle ne peut plus en prendre soin, ils viennent chez moi, je m'en occupe, je les emmène à la garderie, à l'école. Je suis inquiète pour mes petits-enfants et en particulier pour l'un d'eux qui est hyperactif. Il me rappelle beaucoup Varda quand elle était petite. Il est très intelligent et devrait déjà être en première année plutôt qu'en maternelle. Mais il fait des crises pour rien, il pleure tout le temps, exactement comme Varda autrefois. Je ne peux rien faire et ça me rend malheureuse. Qui peut faire quelque chose pour ma petite Varda ?

J'espère que ce livre l'aidera, lui permettra d'exprimer les choses qu'elle ressent et qu'elle ne peut pas dire. Car je sais qu'il y a des choses qu'elle ne dit pas. Comment se sent-elle réellement quand les crises s'abattent sur elle et qu'elle est dépossédée d'elle-même ? J'espère aussi que son témoignage fera du bien aux autres mères comme moi.

Guylaine

Je sais tout de suite quand ma sœur ne va pas bien. Dès qu'elle passe ses journées à dormir, je sais que ça recommence. Quand elle est dans ses hauts, ça paraît moins, car alors, elle déborde d'énergie, elle est de bonne humeur, elle dépense exagérément, elle fait des choses extravagantes. Alors, on se dit que c'est tant mieux et qu'on va essayer de la garder comme ça. Mais il y a la descente qui suit peu de temps après.

Si je me souviens bien, d'aussi loin que je puisse reculer dans le passé, nous ne connaissions pas la maniaco-dépression. Mes parents ont eu besoin de temps pour consulter, puis pour accepter. Cette maladie n'était pas très claire pour nous. En tant que parent, je comprends qu'on ne veuille pas savoir que son enfant souffre d'une maladie psychiatrique. Dans la famille, on n'admettait pas que ma sœur était malade. Elle était juste un peu fofolle, excentrique, excessive. Elle faisait le contraire de tout le monde. Mais pour moi, c'était sa personnalité, je ne pensais pas qu'elle était malade, et encore moins maniaco-dépressive, puisque j'ignorais jusqu'au nom de cette maladie. Les premiers indices sont apparus quand elle avait treize ou quatorze ans, j'en avais moi-même neuf ou dix. Elle était toujours déprimée, elle tentait de se suicider et cela allait très mal entre elle et mon père. Mais pour moi, c'était la crise d'adolescence, la rébellion. Si on lui disait d'aller à droite, elle allait à gauche. Je pensais simplement qu'elle était comme ça, que c'était son tempérament.

Ma sœur et moi, c'est le jour et la nuit, nous sommes complètement contraires. Elle est très émotive, très impulsive, elle prend de la place, elle parle beaucoup. Moi, c'est l'opposé. Je suis très calme, introvertie, réfléchie, rationnelle, cartésienne, je m'exprime peu, j'observe ce qui se passe alentour et ne prends pas beaucoup de place. Quand ma sœur entre dans une pièce, elle veut toute l'attention, alors que moi, je souhaiterais plutôt me cacher sous les divans parce que je ne veux pas qu'on me remarque. Elle est égoïste, accaparante. Je ne suis pas un ange, mais je suis très différente. On ne s'entendait pas bien. Elle se sentait en rivalité avec moi. Elle disait toujours : « On le sait bien que Guylaine est la préférée et que vous ne m'aimez pas. » Pourtant, moi, dans ma tête, c'était l'inverse, parce que ma sœur était plus âgée que moi, parce qu'elle ressemblait à mon père, qu'elle brillait à l'école, qu'elle était bonne en ballet, qu'elle parlait bien. Elle se comportait en actrice, tout le monde la regardait, la trouvait belle, et quand mes amies venaient à la maison, elle les accaparait. Il ne fallait pas que j'aie quelque chose qu'elle n'avait pas. C'est encore comme ça maintenant.

Je ne partage pas les mêmes souvenirs que ma sœur. Parfois, elle me raconte des choses du passé et je me demande : « Est-ce qu'on a vécu dans la même maison ? » Je ne me rappelle pas les tensions ou l'atmosphère dont elle me parle. Mais son adolescence a été vraiment très pénible. Soit elle se faisait mettre à la porte de l'école, soit elle entrait en psychiatrie, soit elle se sauvait du pensionnat. Toute l'attention était alors centrée sur elle.

Varda participe très rarement aux événements familiaux. Elle est en guerre avec tout le monde, elle est toujours l'ennemie de quelqu'un dans la famille. D'ailleurs, bien des membres de notre famille, très conservatrice et à cheval sur les principes, la considèrent comme une extraterrestre. Moi, je me dis qu'il faut s'adapter à son environnement et que toute chose n'est pas bonne à dire. Mais Varda, peu importe la personne avec qui elle se trouve, ce qu'elle a à dire, elle va le dire. Actuellement, je n'ai pas de relation avec elle. Depuis presque deux ans, j'ai mis le pied par terre. Je me suis dit qu'après trente-deux ans, cela suffisait. Quand nous étions petites, nous avions des différends, mais nous nous sommes rapprochées à la naissance d'Alexis, son premier enfant. Je n'ai peut-être pas toujours compris la maniaco-dépression, mais, pour moi, elle était ma sœur et je la prenais comme elle était. Je l'ai toujours soutenue dans sa maladie. Je ne posais pas de questions, je ne me demandais pas si elle était en crise.

Puis, à un moment donné, ce fut vraiment l'enfer et j'en ai eu assez. Je me suis dit que j'avais ma vie. Je n'avais plus envie qu'elle m'appelle à toute heure du jour ou de la nuit. Aujourd'hui, j'ai un enfant et je ne peux plus me plier à tout ça. Je ne veux plus sacrifier ce que j'ai à faire pour m'occuper des enfants de ma sœur parce qu'elle ne se sent pas bien, je ne veux plus être à sa disposition. Ma mère non plus n'a plus l'énergie de s'occuper de ses enfants. Je sais que cette maladie ne se soigne pas, qu'elle peut seulement se tempérer, et qu'il n'y a rien à faire. Pour moi, ma sœur est malade, elle est maniaco-dépressive, mais elle n'est pas folle. J'aime Varda, même si je ne suis pas en accord avec ses choix. Ma sœur est adulte, pourtant, elle prend ses médicaments quand ça va mal et, dès que ça va bien, elle ne les prend plus. Si elle les prenait tout le temps, ça irait mieux plus souvent. C'est déjà arrivé qu'elle aille vraiment bien pendant plusieurs mois. Ma mère souffre beaucoup de la situation, en particulier parce que ma sœur ne fait pas d'efforts pour se stabiliser.

Je ne me suis jamais posé de questions sur la maniaco-dépression. Je n'ai jamais rien lu sur le sujet. Ma sœur dit souvent que sa maladie lui vient du côté de ma mère, mais je ne crois pas que ma mère soit maniaco-dépressive. Ma mère est très émotive, mais elle est très douce et calme, et elle n'a pas les hauts et les bas de la maladie de Varda. Mon fils a le même tempérament que ma sœur. Son pédiatre me dit qu'il est trop jeune pour qu'on le teste, et qu'il faut attendre. Mais je connais les signes avant-coureurs, et ceux que mes parents n'ont pas pu voir chez ma sœur, je les décèlerai chez mon fils. S'il est atteint, je serais prête à l'admettre.

Papa

Vers l'âge de treize ans, Varda s'est mise à fuguer de la maison. Elle disait qu'elle allait à l'école et elle faisait l'école buissonnière. Les fins de semaine, on croyait qu'elle dormait à la maison, alors qu'elle sortait par la fenêtre et disparaissait. Nous avons trouvé cela inacceptable. Nous ne savions pas où elle allait pendant ces fugues. J'ai su plus tard, par la police qui la ramenait chez nous, qu'elle se rendait à Verdun, chez une Jamaïcaine que je ne connaissais pas du tout. Et puis, elle sortait en boîte. Ces comportements nous ont paru anormaux, alors nous l'avons conduite chez notre médecin qui nous a avoué que les problèmes de notre fille le dépassaient. Nous sommes donc allés consulter un spécialiste, le docteur M. On n'envisageait pas du tout la maniaco-dépression. Nous croyions à une crise d'adolescence plus violente que la normale, qui disparaîtrait avec ses premières menstruations. Au contraire, après la puberté, les crises de Varda se sont accentuées. Non seulement elle continuait de fuguer, mais en plus, à la maison, elle ne respectait plus rien. Elle traitait sa mère de tous les noms. Et elle se foutait de tout ce qu'on lui disait ! On lui interdisait de sortir et elle sortait comme si de rien n'était. Un soir, elle se plaignait de maux de ventre terribles, le lendemain, on la voyait dans un club à deux heures du matin…

Il y a bien des épisodes que j'ignore, car sa mère me cachait ce qu'elle savait pour la protéger. Elle faisait déjà des crises, mais je ne le savais pas. Quand on l'a emmenée voir le docteur M., il nous a confirmé que son comportement était inacceptable. Nous avons pris la décision de la faire examiner à l'hôpital, où l'on a fini par diagnostiquer sa maniaco-dépression. On lui a prescrit du lithium. Les choses se sont tassées un certain temps, mais la maladie faisait un va-et-vient : chaque fois que l'effet du lithium passait, les crises recommençaient. Et puis, Varda a subi une vraie crise lorsqu'on l'a placée au pensionnat. Là, nous avons dû admettre que quelque chose n'allait vraiment pas chez elle. Elle avait des trous de mémoire. Je me rappelle qu'une religieuse m'a téléphoné pour me dire qu'elle ne comprenait rien, car certains matins, en classe, Varda paraissait complètement perdue et, le lendemain, elle faisait des choses que le professeur n'avait pas encore enseignées.

Cela s'était d'ailleurs déjà produit bien plus tôt dans sa scolarité. Quand elle avait environ huit ans et qu'elle était au Collège français, on l'a changée de classe à trois reprises parce qu'elle brillait. Finalement, la directrice m'a dit qu'il fallait trouver une autre école pour elle parce que le Collège français n'était pas suffisamment préparé pour l'encadrer. Elle était au-dessus du niveau de toutes les classes. On l'a alors envoyée au Collège Notre-Dame, sur Queen Mary. Mais nous habitions sur la Rive-Sud, alors, l'année suivante, elle est retournée au Collège français, et c'est là qu'elle était quand ses premières crises ont vraiment commencé, vers l'âge de douze ou treize ans. Chez nous, Varda était l'idole, très gâtée, l'enfant chérie par tous. Tout le monde la voulait, elle était toujours partie chez les uns ou les autres… C'était la poupée de la famille, le jouet que tout le monde voulait. Sa sœur Guylaine ne disait rien, elle acceptait tout, elle prenait sur elle, tandis que Varda avait tout ce qu'elle voulait et tout le monde à ses pieds. C'est vrai qu'elle ne se comportait pas comme les autres enfants et que c'était peut-être un signe avant-coureur, mais nous ne connaissions pas la maniaco-dépression. Nous étions habitués à ses colères. Varda voulait toujours attirer l'attention.

Quand elle était chez les sœurs, à Sherbrooke, elle a fait une tentative de suicide et nous avons couru avec elle à l'hôpital. Le personnel médical a attiré notre attention sur la gravité de la situation et nous a recommandé d'aller chercher une aide plus sérieuse. Elle a été hospitalisée durant environ deux mois.

Aucun médecin ne nous a jamais dit que sa maladie était héréditaire et pouvait provenir de sa mère. Celle-ci a subi une dépression très profonde après la naissance de Varda. Elle a même perdu la mémoire pendant un bout de temps. Elle n'avait pas de lait, elle ne voulait plus prendre son bébé dans ses bras et c'est une nourrice qui en a pris soin jusqu'à son départ en Haïti.

Jean-Édouard, le grand frère de la mère de Varda, devait aussi souffrir de dépression. Il était hypernerveux, mais nous ne prenions pas ce signe comme un indice de dépression. Jean-Édouard était très violent, il battait sa femme, ses enfants et il se battait avec tout le monde autour de lui. La violence peut être aussi un signe de dépression. La dépression ne rend pas toujours inopérant, elle peut même rendre excessivement dangereux.

La mère de Varda n'accepte pas la maladie de notre fille, car elle ne veut pas penser qu'elle puisse en être responsable. Quand Varda était petite et qu'elle faisait des crises, la famille de sa mère a essayé de me convaincre que l'hérédité venait de mon côté. Ils tentent parfois de faire passer cela pour de la turbulence. Mais c'est une maladie. Et nous avons tout essayé pour tenter de la guérir, jusqu'au vaudou…

Je n'ai pas été informé des abus sexuels qu'a subis Varda à l'époque où elle était en Haïti. Il y a toujours eu tellement de cachotteries dans cette famille que je ne sais pas non plus si sa mère en a été informée, mais moi, je n'ai jamais été mis au courant. C'est Varda elle-même qui me les a racontés plusieurs années après. Et quand j'en ai parlé à sa mère, celle-ci, sous le poids des convenances, a décidé que c'était une invention. Elle le pense encore. Elle n'a pas changé d'idée et elle laisse toujours le bénéfice du doute à l'agresseur, que son statut social protégeait de toute accusation.

Quand Varda a dû passer en cour pour l'affaire du viol, bien des années plus tard, sa mère, de nouveau, a eu peur du scandale, elle a eu honte, elle trouvait cela déshonorant.

Elle n'a jamais accepté la maladie de Varda. Donc, pour elle, tout ce que Varda dit relève de l'imagination, c'est aussi simple que ça. Elle comprend, mais elle ne l'accepte pas, c'est bien différent. Nul n'est mieux placé qu'un médecin pour le lui faire comprendre. Les médecins nous ont expliqué la maladie de Varda, moi j'ai accepté, elle non. Et elle ne l'acceptera jamais. Elle pense d'ailleurs que si, moi, j'accepte la maladie, c'est par faiblesse paternelle. Elle ne peut pas comprendre qu'à certains moments, Varda puisse travailler, être lucide et en mesure de prendre soin de ses affaires et qu'à d'autres, elle tombe complètement dans la dépression. Elle pense que c'est un jeu qu'elle joue.

Elle a voulu cacher aux gens les premiers séjours de Varda à l'hôpital psychiatrique. Elle estimait que cela était dégradant pour elle. Elle racontait que Varda était en pension. Pour un Haïtien de naissance, la folie dans la famille est inacceptable, elle est taboue, on n'en parle pas.

Malheureusement pour lui, Daniel, mon mari, est celui de mes proches qui a le plus souffert de ma maladie. Je vis avec lui depuis huit ans, et il est la personne la plus stable de ma vie. Il a été la victime de nombre de mes crises… Il m'a paru essentiel de lui donner l'occasion de s'exprimer dans ces pages.

Daniel

Varda et moi, nous avons été présentés par une amie commune, Renée-Claude Brazeau. Pour Varda, elle me l'a raconté plus tard, notre rencontre a commencé comme une blague. Je m'en rappelle comme si c'était hier.

On est un vendredi, au milieu de l'après-midi, je suis assis à mon bureau. Je viens d'avoir une promotion. Le téléphone sonne. Tout de suite, ça commence à la manière de Varda :

– Allo ?

– C'est Varda.

– Qui ?

– C'est Varda.

Déjà, dans sa voix, je sens son assurance. Puis, son humour, qui cache sans doute un peu de crainte. Nous parlons un peu, nous décidons de prendre un verre et nous nous donnons rendez-vous dans un bar. J'ignore alors que Varda ne boit pas. Mais j'ai conscience que, pour elle, c'est vraiment une *blind date*, elle ne m'a jamais vu, alors que moi, je sais qui elle est puisqu'elle participe à l'émission *Je regarde moi non plus*, avec Renée-Claude. Mais j'imagine qu'elle sait de moi ce que Renée-Claude lui a dit… Elle commande un punch aux fruits ou un seven-up grenadine, quelque chose comme ça. Puis, dans la soirée, tout de go, elle me dit :

– Tu sais, Daniel, je suis maniaco-dépressive.

Maintenant, quand je pense aux gens autour de moi qui ne comprennent pas ce que je vis, je me rappelle ce moment. Elle aurait aussi bien pu me dire :

– Tu sais, Daniel, aujourd'hui j'ai un rhume.

Pour moi, cela aurait eu la même portée. Tant qu'on ne l'a pas côtoyée, on ne connaît pas cette maladie…

Puis, je lui dis que je dois partir, car je dois jouer un match de soccer. Elle décide de venir avec moi pour me voir jouer. Je suis gardien de but et je suis assez vocal quand je joue, j'ai très mauvais caractère sur le terrain. Ce soir-là, quand j'interviens pendant le match, j'entends Varda, postée sur la touche, qui me crie de me taire ! Je me demande : « Mais c'est qui, elle, pour me dire de me taire ? » À l'époque, je trouve ça drôle, mais en fait, cela révèle exactement son caractère. Varda ne m'a jamais caché qui elle était, mais je ne le croyais pas, voilà tout.

Je venais d'emménager, depuis une semaine tout juste. J'ai emménagé le 1er février et on était le 8. Nous sommes allés chez moi ; des boîtes traînaient encore partout. Elle a passé la nuit là. Je crois qu'elle est tombée amoureuse et qu'elle a décidé que c'était moi son prince charmant.

Dès le début, je la trouve brillante, attachante. Nous avons une foule d'intérêts en commun, nous avons beaucoup de plaisir ensemble. On parle de plein de choses, elle déborde d'humour, nous rions souvent.

Mais la relation avec elle devient rapidement difficile. Elle me dit tout le temps :

– Tu ne m'aimes pas, je sais que tu ne m'aimes pas, ce n'est pas vrai que tu m'aimes.

Je comprends que c'est sa façon de me dire :

– Dis-moi que tu m'aimes, tu ne me le dis pas assez souvent.

Au début, je trouve ça amusant, puis cela devient agaçant, lourd. Je développe une intolérance et, à la fin, je me fâche. Varda doit être rassurée constamment. Longtemps, je me suis senti mandataire de sa santé mentale. Je pensais qu'il m'incombait de la rassurer, mais, au fil des années, c'est devenu très lourd.

Pour moi, la vie est un long fleuve tranquille et, avec elle, c'est plutôt le cap de Bonne-Espérance. Je me retrouve dans des montagnes russes tout le temps. Dès le départ, je ne trouve pas mes repères, je ne trouve pas mes bases, je viens juste d'avoir une promotion qui me prend beaucoup de temps et j'essaie de rompre. Mais elle fait tout pour que je reste.

Quelques semaines après notre rencontre, sa sœur m'appelle :

– Varda est à l'hôpital !

– À l'hôpital ? Qu'est-ce qu'elle a ?

– On l'a trouvée chez elle par terre, et elle a été emmenée d'urgence à l'hôpital en ambulance. Elle a pris de l'alcool et des médicaments…

Était-ce une tentative de suicide ? Non, je crois plutôt que c'était un appel à l'aide. Je ne crois pas qu'elle veuille vraiment mourir. Mais avec Varda, c'est comme ça. Quand elle veut me parler, elle me passe deux cents appels. Elle raccroche, elle rappelle, elle raccroche, elle rappelle. Parfois, les gens pensent que j'exagère. « Allons donc, deux cents messages ! Tu veux dire dix ou quinze ! » Mais non, je les ai comptés. Il est arrivé que j'aie exactement 203 messages. Dans une réunion de direction, elle peut me déranger trois, quatre fois. Pour rien. Et quand ce n'est pas ça, c'est un coup de théâtre dramatique et elle appelle tout le monde à l'aide. On dirait qu'il faut que la planète entière vienne à son secours. Et si les gens ne répondent pas, alors c'est terrible, elle croit que personne ne l'aime, qu'elle ne compte pas, que tout le monde s'en fout et elle s'effondre. Avec elle, tout prend des proportions gigantesques. C'est toujours des drames, des crises, des extrêmes. Ce n'est jamais banal. Quand elle est malade, ce n'est pas un rhume, c'est la grippe espagnole, l'influenza. Dans ses amitiés, elle est gentille, aimante, généreuse, fidèle, elle va tout faire, elle va se battre à mort pour ses amis. Mais elle n'a pas besoin de faire ça ! Ce n'est pas toujours nécessaire de se battre jusqu'à la mort pour aimer les gens.

Elle pourrait avoir une carrière tellement plus impressionnante ! C'est une fille de communication. Son talent est exceptionnel ! Il lui sort par les oreilles. Je l'admire beaucoup pour ça. Elle est tellement polyvalente et intelligente. Elle est douée d'une mémoire incroyable. Elle peut lire un texte une seule fois et le répéter ensuite mot pour mot. Elle n'est pas conformiste, elle livre son opinion, elle est présente, elle est drôle, elle est *in your face*. Dans une soirée, c'est toujours elle le pôle d'attraction, elle attire les gens, elle a vraiment une aura, un grand pouvoir. Parfois, pendant des mois, elle ne rappelle pas les gens qui l'appellent, mais quand elle leur téléphone, c'est comme s'ils s'étaient parlé la veille.

Si elle mettait toute son énergie au service de la création, rien ne pourrait l'arrêter, elle pourrait tout faire. Dans ses phases maniaques, ça va à cent mille kilomètres à l'heure dans sa tête. Elle devient très narcissique, elle ne pense qu'à elle, elle se croit supérieure et elle peut être cruelle. Mais elle accomplit des choses ! Elle a de merveilleuses idées et commence à les réaliser. C'est une battante, alors elle fonce, tout roule bien et tout à coup, paf !, on frappe un mur. Tout s'effondre. Et elle se met à détruire ce qu'elle a fait. Même sur le plan professionnel, cela devient compliqué. Si un producteur tombe sur elle quand elle est au plus bas, il ne voudra plus l'engager.

Bien sûr, il pourra comprendre, mais il a des priorités, et il préférera une fille moins talentueuse, mais plus fiable. Varda est capable de ne pas aller travailler parce que ça ne va pas bien. Elle annule tous ses engagements et elle va se coucher. Le retour de toute l'énergie négative qui vient de sa maladie, de son enfance, de son viol, de sa relation avec les hommes est alors terrible ! Cette maladie est épouvantable. Je ne la souhaite à personne.

La maladie de Varda a des cycles rapprochés. Ce n'est pas une longue montée puis une longue descente, les cycles sont répétitifs et rapides. Elle ne supporte aucun changement. Changements de saison, de température, d'environnement, de travail, tous les changements l'affectent et la déstabilisent. En automne et en hiver, c'est l'enfer. Même les plus simples variations de la météo ont des conséquences. S'il fait soleil quatre ou cinq jours durant et que la pluie s'abat, alors elle s'écroule.

Varda est toujours en mode de survie, comme si elle devait se battre pour avoir ce qu'elle veut. Elle fait comme Don Quichotte, elle se bat contre des moulins. Son premier mode d'approche, c'est la confrontation. Moi, je lui répète qu'elle n'en a pas besoin, mais voici alors ce qui se passe. Si je lui dis par exemple :

– Tu sais, Varda, je ne te laisserai jamais dans des problèmes financiers, jamais je ne ferai ça.

– Écoute bien, là ! N'essaie pas de me mettre dans la merde financièrement, parce que ça ne marchera pas !

– Je viens te dire, Varda, que jamais, jamais, tu n'auras de soucis financiers.

– T'essaieras pour le *fun*, tiens !

– Mais ce n'est pas ça que je te dis, là !

Elle prend les choses à l'envers et alors, moi, ça me rend fou. Puis, elle n'est pas capable de ne pas parler. Toute vérité n'est pas bonne à dire ou bien ce n'est pas le bon moment. Mais Varda n'a aucun filtre entre ses émotions et le monde extérieur. Ça sort comme ça vient. Donc, parfois, ça explose au lieu d'être juste un petit pétard. Et elle ne s'arrête jamais. Si on s'engueule un soir, il faut que je parte pour qu'elle s'arrête. Alors, elle me reproche de m'enfuir, mais quand je reste, ça dégénère en abus verbal, ou pire. Dans ses moments de crise, on n'a pas le même niveau de discours, on peut même dire qu'on n'est pas sur la même planète !

Au début, je ne voyais rien venir, mais, maintenant, je lis dans ses yeux quand ça va aller mal. Elle n'a pas besoin de me le dire, je le vois dans sa démarche, dans sa façon de parler. Son regard change, c'est comme si une autre personne était là. Elle devient agressive, sûre d'elle, menaçante. Elle fait tout pour arriver à ses fins, que ce soit pour blesser les gens ou pour les garder et obtenir ce qu'elle veut. Dans ces moments-là, je suis coincé, car, pour que ça s'arrête, il faut que je parte ! Mais si je pars, elle s'effondre. Et j'ai deux enfants avec elle ! Alors, je reste et c'est l'enfer. La tension devient intolérable.

Varda pense qu'elle n'a pas besoin de thérapie ou de médicaments. Et si les autres lui en parlent, elle croit que c'est parce qu'ils veulent la droguer pour la contenir. Alors que, d'après moi, la seule solution est qu'elle prenne sa médication, et je ne sais pas si elle la prend. Je sais qu'un des effets de cette maladie est justement que les malades ne prennent pas leurs médicaments. Ils se croient en superforme, alors pourquoi se soigneraient-ils ? Au diable les pilules ! Mais je ne m'en occupe plus, cela créerait encore des conflits. Je l'ai fait pendant longtemps, mais elle me disait que je la droguais, que je l'empoisonnais. C'était : « Non, pas tout de suite », ou alors « avec un verre d'eau » ou « dans deux minutes, dans dix minutes, après ci, avant ça ». J'ai laissé tomber. Parfois, quand on se dispute, je lui lance : « Mais va donc prendre tes pilules, tabarnac ! » Et ça, évidemment, elle ne le supporte pas.

Je suis quelqu'un de cartésien, de rationnel. Ce qui m'a tué les premières années, c'est que j'ai essayé de comprendre l'incompréhensible, de rationaliser l'irrationnel, et je me suis fait mal. Je me demandais : « Mais pourquoi ? » Alors que la seule réponse est qu'elle est malade ! Il n'y a pas de schèmes de référence.

J'ai beaucoup souffert de fatigue mentale. Autrefois, j'étais toujours très patient et là, je me vois perdre patience rapidement avec mon entourage, avec mes enfants. Je me rends compte que je n'étais pas équipé pour faire face à la maladie de Varda. Je me suis cru assez fort pour passer au travers sans aide.

Il faut dire aussi que je suis quelqu'un qui ne connaissait pas la chicane. Chez mes parents, cela n'existait pas. Jamais personne ne criait. Ça ne parlait fort, dans la maison, qu'à Noël, et c'était pour rire, pour blaguer. Maintenant, on ne se réunit plus à Noël, car la maladie de Varda a divisé la famille et la chicane, j'en connais désormais toutes les facettes. Il m'est arrivé de craquer. J'ai traité Varda de « maudite folle ». Je le regrette.

J'ai travaillé avec Érick Rémy sur les ondes de 98,5 FM pendant plusieurs mois. C'est un homme d'une très grande sensibilité qui a eu un parcours de vie difficile et qui a fait un grand cheminement personnel pour améliorer son sort, dans l'idée d'atteindre le bonheur, ou simplement pour se sentir mieux. Dans mes moments de crise, je sentais qu'Érick voulait vraiment m'aider et que ma maladie l'affectait véritablement, sur le plan professionnel, bien sûr, mais pas seulement cela. Il savait que j'étais vraiment malheureuse, il n'a jamais mis en doute ma maladie et il m'a toujours soutenue et aidée. Quand je ne me sentais pas bien et que je ne voulais pas aller travailler, il insistait pour que je vienne quand même. Il m'emmenait prendre un café avant l'émission, puis on allait manger ensemble après. Il est comme un grand frère pour moi. Pourtant, je lui en ai fait voir de toutes les couleurs à la radio, j'en suis bien consciente. J'ai souhaité qu'il raconte ce qu'il avait vécu avec moi, à la fois pour lui rendre hommage, mais aussi pour lui demander pardon.

Érick Rémy

J'avais souvent entendu parler des hauts et des bas de Varda, mais je pensais que c'était un mauvais pli de vedette plutôt que, réellement, une maladie mentale. Elle est capable du meilleur et du pire, et je l'ai vraiment vécu. J'ai travaillé avec elle pendant deux ans et demi. Je suis très attaché à elle, je l'adore, elle est comme ma petite sœur. Elle est plaisante, drôle, travaillante. Elle a le cœur grand comme l'univers. Je ne me souviens pas d'avoir jamais eu autant de plaisir avec quelqu'un. Elle est une des filles qui m'ont fait le plus rire dans ma vie, mais c'est aussi une de celles qui m'ont mis le plus en maudit. Des filles comme elle, je n'en ai jamais vu. Certains matins, elle arrivait en pleurs et, le lendemain, elle chantait des chansons de la Compagnie Créole. Quand elle était dans ses phases maniaques, c'était parfait, on avait du *fun*. Mais quand elle était dans ses phases dépressives, c'était vraiment difficile.

Il est arrivé qu'elle fasse des crises en ondes. Un jour, en studio, j'ai vu qu'elle ne se sentait pas bien, mais je me suis dit que le professionnel allait prendre le dessus sur le personnel. Je lui ai demandé :

– Pis, comment tu vas ?

– Mmm !

– Ben voyons, qu'est-ce que t'as ?

– Mmm. Ça ne va pas !

Et elle est partie ! Elle a sacré son camp en ondes… À un moment donné, l'un de nous lui avait fait un commentaire alors qu'elle était dans une de ses phases dépressives. Mais on l'ignorait ! Alors, pendant plus d'une semaine, elle a cru que mon épouse Josée et moi-même avions fomenté un complot contre elle, ce qui n'était évidemment pas vrai. Au contraire, ma femme et moi aimions Varda. Cela nous a blessés et ma femme, particulièrement, en conserve la trace. À ce moment, Varda a menacé de démissionner. Ensuite, quand sa crise est passée et qu'on a pu se parler, elle a réalisé qu'on n'avait rien fait contre elle, mais évidemment, après cette histoire, j'ai marché sur des œufs avec elle.

Ce qui m'étonne, c'est qu'à la fois elle soit tellement « grande gueule » et que, dès qu'on se retourne contre elle, cela soit si grave. Lorsqu'on tire, on risque de se faire parfois atteindre par une balle ! Elle est capable de proférer les pires choses, mais elle ne supporte pas de les recevoir à son tour, même quand il s'agit des commentaires les plus inoffensifs ou des remarques les plus anodines. Varda est un grand paradoxe pour moi.

Chaque fois qu'elle sort d'une phase noire, on se dit : « C'est le *fun*, on a retrouvé notre Varda ! » On croit qu'elle va s'en sortir et puis, de façon tout à fait inattendue, il y a une nouvelle vague. Parce qu'il peut se passer plusieurs semaines, voire plusieurs mois entre deux de ces vagues. Mais quand elle est dans le creux de la vague, ce n'est vraiment pas drôle pour son entourage. Cela lui nuit personnellement, mais aussi professionnellement. Quand on fait affaire avec quelqu'un, on s'attend à une certaine stabilité de sa part, et tout le monde n'a pas toujours compris les phases les plus difficiles de Varda. Avec le talent qu'elle a, elle devrait avoir une carrière beaucoup plus grande que celle qu'elle a actuellement. Sa maladie prend le dessus sur tout.

Pour le plaisir, je serais vraiment prêt à travailler de nouveau avec elle. Je l'adore, je l'ai toujours aimée. Mais, pour éviter de souffrir, car on n'a pas à souffrir de travailler avec quelqu'un, je lui demanderais de prendre sa médication et de se stabiliser. Sinon, cela fait trop mal. Quand quelqu'un qu'on aime vire de bord et se retourne contre vous du jour au lendemain, sans raison, simplement parce que son imagination lui fait croire qu'il y a complot, on en reste blessé. On se sent comme le pire des trous du cul et on ne veut surtout pas revivre un événement semblable. C'est une vraie trahison. Comme je sais qu'elle n'a pas le contrôle dessus, je pratique le T.T.H. (« Tasse-toi harmonieusement »), c'est-à-dire que, sans lui faire de peine, car je sais que ce n'est pas de sa faute, je prends un peu de recul pour éviter de me faire mal.

Varda tire beaucoup de jus, elle bouffe toute l'énergie autour d'elle et il y a des moments où je ne peux pas en donner autant, je n'ai plus assez de force. Avec quelqu'un de malade, la relation n'est jamais équilibrée, et je ne veux pas vivre ça. Mais je ne l'ai jamais rejetée et je l'ai aidée quand j'ai pu. J'ai juste pris mes distances.

Les gens qui entourent les maniaco-dépressifs doivent certainement les aimer beaucoup, car c'est vraiment difficile de les supporter. Souvent, ils négligent de prendre leur médication, ils l'oublient quand ils vont bien et ils retombent dans une de leurs phases dépressives sans s'en apercevoir. Un de mes grands amis, Gilbert, en souffre. Il devait venir à la fête de mes cinquante ans. Jusqu'à la dernière minute, il a promis de venir et puis il ne s'est jamais pointé. Je l'ai appelé, j'étais vraiment inquiet pour lui, mais je n'ai eu aucune réponse. Il a mis trois semaines avant de me rappeler pour me dire que ce soir-là, il ne se sentait pas bien. Bien sûr, je le comprends, mais… C'est un grand producteur de disques, il a eu les plus grands flashs au monde pour les artistes et il a travaillé avec les plus grands pour, quelques semaines plus tard, finir couché par terre, dans une garde-robe, et refuser de voir quiconque. Ces gens sont capables des plus grandes choses et, quelquefois, ils sont incapables même de boutonner leur chemise. Ces contrastes m'ont toujours étonné. Ce sont à la fois des génies, comme Pierre Péladeau, Guy Latraverse, mon ami Gilbert ou encore Varda, ils sont capables de déplacer des montagnes, mais, parfois, ils ont de la difficulté à déplacer un simple grain de sable…

À l'époque où je travaille pour TVA, je suis très proche de Julie Snyder et, quand celle-ci est enceinte de son fils Thomas, je décide d'organiser une fête pour célébrer la naissance. Je demande à Julie une liste des gens qu'elle aimerait y voir. Elle me donne alors une série de noms, dont celui de sa belle-sœur « préférée », Esther Péladeau. J'appelle Esther et nous nous rencontrons pour préparer la fête de Julie. Dès le début, Esther m'a attirée par sa gentillesse et son calme admirable. Une des raisons pour lesquelles je l'aime autant est qu'elle ne dit jamais de mal de personne. C'est impossible de faire du commérage avec elle. J'ai beau l'appeler et lui dire :

– Esther ! J'ai un petit truc à te raconter !

Invariablement, elle me répond :

– Non, tu sais, ça ne m'intéresse pas vraiment...

Esther est douce, fleur bleue, elle aime la vie de famille, elle est une bonne amie pour moi et je la trouve formidable. Elle m'a raconté avoir été dépressive dans le passé et j'ai appris que son parcours n'avait pas été facile. Elle a subi la maniaco-dépression dans son enfance, puisque son père, Pierre Péladeau, le bâtisseur de Quebecor, en était atteint. Nous en avons parlé souvent et cela nous a beaucoup rapprochées. J'ai souhaité qu'elle témoigne dans ces pages parce que je désirais entendre le point de vue d'un enfant qui a eu un parent atteint de la maladie et je n'ai pas voulu demander à mes enfants de le faire, car ils sont trop jeunes. Le témoignage d'Esther m'a émue jusqu'aux larmes, il m'a permis de me mettre à la place de mes enfants et de réaliser ce que je leur fais subir quotidiennement.

Esther

D'aussi loin que je me souvienne, j'ai toujours su que mon père était malade, il ne me l'a jamais caché. Enfant, je ne connaissais pas le nom de sa maladie, mais je savais qu'il n'était pas bien et je savais comment agir avec lui. Déjà, lorsque j'avais à peine quatre ans, s'il était de mauvaise humeur, je savais quoi lui dire, ne pas parler fort, ne pas trop le déranger, rester dans mon coin. Je me sentais comme une comédienne. De toute façon, je préférais me dire qu'il était malade plutôt que de penser qu'il ne m'aimait pas. J'imagine que chaque personne réagit différemment à sa bipolarité, mais celle de mon père faisait qu'il choisissait quelqu'un qu'il allait aimer pendant un certain temps, puis détester pendant une autre période de temps et, parfois, cela tombait sur moi. Mon père arrêtait alors de me parler et coupait les liens avec moi. Je ne savais jamais ce que j'avais fait de mal. Un jour, lorsque j'avais sept ans, il m'a dit que j'avais fait quelque chose de mal, mais je ne savais pas ce que c'était. Il ne me parlait plus, il ne m'appelait pas, j'étais morte à ses yeux, je n'existais plus. Cela a duré pendant un an. Il prenait mon jeune frère Simon-Pierre avec lui et moi, il me laissait à la maison. Je me souviens particulièrement d'une fois, quand j'avais dix ou onze ans. Je rêvais alors de faire un voyage en Californie. Je n'arrêtais pas de lui en parler, je lui disais que je voulais y aller et, un jour, il a décidé de faire ce voyage. Mon père était comme ça. Il décidait des choses du jour au lendemain. C'est le côté agréable de la bipolarité, les gens atteints font sans arrêt des surprises incroyables ! Je me souviens que, lorsque j'étais élève au pensionnat Saint-Nom-de-Marie, il venait parfois me chercher pour me faire une surprise. Il me disait : « Je t'emmène souper au restaurant. » Bien plus tard, lorsque je travaillais dans un magasin de musique, il m'a appelée un jour pour me dire : « Prépare tes affaires, on part ce soir au Maroc. » C'étaient des surprises agréables quand il était dans son *high*, mais quand il était dans un creux, c'était moins drôle, comme lors du départ pour la Californie. Son chauffeur a sonné à la porte, moi, j'étais tout heureuse et prête à partir avec mes valises, mon frère était à côté de moi et le chauffeur m'a dit : « Non, non, toi, tu restes ici, on emmène seulement ton frère Simon-Pierre. »

Mon père faisait toujours des coups de ce genre, durs, perturbants, et qui m'ont marquée. Encore aujourd'hui, à l'âge de trente et un ans, je conserve un sentiment de culpabilité permanent. Je ne fais rien de mal, mais je me sens toujours coupable parce qu'à sept ou huit ans, quand mon père avait ces comportements avec moi, je me disais que c'était parce que je devais avoir fait quelque chose de mal. Dans ses *highs*, il nous faisait des surprises et des démonstrations d'amour ; dans ses creux, il savait comment nous atteindre. Il n'y avait pas de constance affective ni d'équilibre. C'était soit super le *fun* ou alors dramatique. Toujours des extrêmes.

Je me souviens particulièrement du jour où il est retombé sur terre après avoir coupé les liens avec moi pendant un an, alors que je n'avais que sept ou huit ans. Il s'était rendu compte qu'il m'avait extrêmement blessée et il avait décidé qu'il voulait renouer. J'habitais à Montréal, mais les fins de semaine j'allais à Sainte-Adèle, chez une amie de mon père qui habitait à cinq minutes de marche de chez lui. Cette amie, que j'appelle ma deuxième mère, m'a annoncé à mon arrivée chez elle que mon père voulait me reparler. Je lui ai répondu en pleurant : « Non, Gisèle, je ne peux pas le voir. »

Je crois qu'il n'était plus capable de vivre avec ce qu'il m'avait fait subir depuis un an et il est venu sonner à la porte. Je m'étais enfermée dans la salle de bain, j'avais fermé à clef, je m'étais mise en boule et je pleurais sans pouvoir m'arrêter. Je ne sais pas pourquoi j'avais si peur de le revoir. Peut-être m'étais-je protégée au cours de cette année-là en pensant que c'était vraiment terminé. Il a cogné à la porte de la salle de bain et il m'a dit : « Ouvre la porte, poupou, je m'excuse, je ne recommencerai plus. » Mais je n'avais tellement plus confiance en lui que je n'ai pas bougé, je suis restée en boule, j'étais dans une sorte de transe, je ne voyais plus rien. Puis, Gisèle a réussi à ouvrir la porte. Pour la première fois, et c'est pour ça que je lui ai pardonné, mon père est venu m'enlacer et il m'a dit : « Je m'excuse, je ne veux pas être comme ça, je m'excuse, je vais tout recommencer. » Il faut dire qu'il m'avait donné un chien, un cocker spaniel – j'adore les petits chiens – mais, quelques mois plus tard, il avait décidé de me l'enlever et l'avait donné. De tout ce qu'il a pu me faire, je crois que c'est ce qui m'a causé le plus de peine. Je me fous des voyages annulés, je me fous qu'il ait coupé les ponts, mais qu'il m'enlève mon chien, cela m'a traumatisée.

« Je m'excuse, je ne recommencerai plus jamais ». Il me serrait dans ses bras et il pleurait. C'était la première fois que je le voyais pleurer, que je voyais cet homme d'une soixantaine d'années sangloter comme un bébé. J'imagine à quel point cette maladie était dure pour lui, parce que j'ai des enfants aujourd'hui et que je sais combien on peut les aimer. Après l'avoir vu comme ça, je me suis dit que, pour l'amener à faire autant de peine à ses enfants, cette maladie devait être plus forte que lui. Après cet épisode, il n'a plus jamais coupé les ponts aussi longuement, mais il avait encore de fortes sautes d'humeur. J'étais toujours stressée avant de l'appeler, je passais par sa secrétaire, je lui demandais : « Est-ce qu'il est de bonne humeur aujourd'hui ? » Si elle me répondait : « Non, ce n'est pas une bonne journée aujourd'hui », je raccrochais. Si elle me disait : « Oh oui, il est vraiment bien », je lui parlais et je l'entendais me dire : « Mon poupou, est-ce que tu l'aimes, ton vieux père ? » Il était très démonstratif.

J'imagine que mon père a pu bâtir son empire durant ses *highs*. Parti de rien, il a décidé de foncer. Pour être arrivé jusque-là, on peut penser qu'il y a sans doute des côtés positifs à cette maladie. Dans ses affaires, il n'a jamais fait de gestes irréfléchis. Il le faisait dans sa famille, mais jamais dans son *business*. Et surtout, il dégageait une énergie qui donnait le goût de se tenir à ses côtés. Il était attirant, j'étais fière de lui. À l'autre extrême, je me sentais toute perturbée à l'intérieur. Sa maladie le rendait malheureux, car il savait qu'il faisait du mal autour de lui.

Mon père a été alcoolique avant qu'on ne diagnostique sa bipolarité. Il parlait librement de l'une et l'autre de ses maladies, il n'avait pas de tabous. Il en parlait pour aider les autres, pour que les autres sachent qu'ils n'étaient pas les seuls à souffrir de ce mal. Comme il a arrêté de boire avant ma naissance, je ne l'ai jamais vu sous l'emprise de l'alcool. Ni sous celle de la dépression ou de pensées suicidaires. Il aimait la vie, c'est l'homme le plus drôle que j'aie connu de toute mon existence. Ses phases dépressives se manifestaient uniquement par de la mauvaise humeur et de la méchanceté.

Mon père a connu beaucoup de problèmes avec les femmes. Cette maladie a des conséquences sur la sexualité. Les gens atteints ne sont pas fidèles. Je l'ai toujours vu avec des femmes différentes, mais, lorsque j'étais enfant, je considérais cette situation comme normale, puisque c'était ma réalité. Il avait une nouvelle femme chaque semaine. Il avait un charme fou. Il n'était pas d'une grande beauté, mais il se trouvait toujours entouré de superbes femmes. Ma mère, bien sûr, en a énormément souffert et il m'a fallu beaucoup de temps pour accorder ma confiance aux hommes et leur permettre d'entrer dans ma vie. Puis, j'ai fini par trouver un homme formidable que j'ai épousé.

Mon père prenait tout le temps ses médicaments, mais, à l'occasion, il devait modifier les doses. Le lithium le faisait trembler terriblement à la fin de sa vie. Quand il mangeait, on devait lui tenir la main pour qu'il puisse y arriver. Cela l'a beaucoup perturbé.

Malgré tout, je n'échangerais ce que j'ai vécu pour rien au monde, car c'est ce qui a fait de moi ce que je suis devenue aujourd'hui, ce qui m'a rendue compréhensive et ouverte aux autres, mais aussi aux maladies mentales. J'avais vingt ans quand mon père est mort. Puisque je ne pouvais plus rien faire pour lui, je devais maintenant suivre une thérapie pour le comprendre afin de lui pardonner, de passer à une autre étape et d'éviter de rester ancrée dans la frustration.

La bipolarité est héréditaire. J'ai eu peur d'en souffrir, d'autant que je suis un peu cyclothymique. Aussi, je suis allée consulter un psychologue et deux psychiatres qui m'ont tous confirmé que je n'étais pas atteinte. Je fais cependant une psychanalyse depuis dix ans, qui m'a appris bien des choses, qui m'a sauvé la vie. Je voulais alléger ce sentiment de culpabilité omniprésent et me dégager du rejet que j'ai vécu dans mon enfance. J'avais besoin d'en parler à quelqu'un, car même si je ne suis pas atteinte de la maladie, je l'ai vécue. Je m'inquiète aussi pour mes enfants, mais instinctivement, je sens qu'ils sont sains.

À la fin de sa vie, j'avais déjà commencé à me rapprocher de mon père, car il était moins enragé, il laissait aller, il avait moins de sautes d'humeur. Puis, après sa mort, il m'a fallu encore quelques années pour le comprendre. Et aujourd'hui, je ne lui en veux plus du tout.

Guy Latraverse, président de Spectra, est un producteur de spectacles réputé au Québec. Il a produit, entre autres, le spectacle de Diane Dufresne présenté au Stade olympique, Magie Rose, qui fut un énorme succès. Guy est maniaco-dépressif. Il est également président de l'association Revivre, qui a pour but de venir en aide aux gens atteints de certaines maladies mentales.

Un été, à la radio, Renée-Claude Brazeau a reçu Guy à son émission pour qu'il s'exprime au sujet de sa maladie. Je me suis reconnue dans chacun des comportements qu'il a décrits tout au long de son témoignage. J'ai éprouvé une grande solidarité avec lui, mais aussi beaucoup de tristesse, parce que son diagnostic a été posé très tard et qu'il a vécu tout ce temps sans aide. À la fin de l'émission, je suis allée le voir et il a été d'une gentillesse formidable, il m'a donné ses coordonnées personnelles en me disant de l'appeler sans hésiter.

Aussi, après l'épisode du scandale de l'émission d'Éric Salvail avec le Français, je l'ai appelé. Il a été d'une écoute extrêmement attentive et cela m'a beaucoup touchée. Il m'a recommandé un médecin, car le mien était en vacances, et m'a répété que je pouvais l'appeler à n'importe quel moment. Avec sa grande générosité, il a accepté immédiatement de témoigner de sa maladie pour moi. Il m'a raconté des épisodes qui m'ont bouleversée. Mais bien qu'il soit toujours maniaco-dépressif, il réussit sa carrière, son deuxième mariage, il s'occupe de ses enfants et il va bien ! Pour moi, il est porteur d'un immense espoir.

Guy Latraverse

Aujourd'hui, je sais des choses que j'ignorais autrefois, alors que j'étais déjà atteint de cette maladie qu'on appelle maintenant « trouble bipolaire », puisque le terme « maniaco-dépression » fait peur. Je sais que, pendant plus de vingt ans, sans doute vingt-deux ou vingt-trois, j'ai été malade sans le savoir. Je présentais tous les symptômes de la maladie, je vivais une séquence de six mois en phase manie et, brutalement, les six mois suivants, je tombais en dépression sévère. Un véritable cauchemar.

En période maniaque, j'avais une énergie d'enfer, je me prenais pour un surhomme, je dormais deux à trois heures par nuit tous les jours pendant six mois sans problème, je consommais toutes sortes de choses, un peu trop, que ce soit l'alcool, la drogue, la marijuana ou la cocaïne, je faisais des dépenses inutiles, plusieurs fois la même dépense sans nécessité, j'avais une vie sexuelle exacerbée et une vie familiale désordonnée qui m'a souvent mené à des séparations. Je prenais également des risques inutiles dans mon métier de producteur de spectacles et d'émissions de télévision. Pendant ces vingt années, j'ai vu des médecins généralistes et des psychologues, car j'étais conscient que je n'allais pas bien et je souhaitais trouver des solutions. Mais ces professionnels de la santé n'ont jamais découvert ma maladie. Ils ne m'ont jamais dirigé vers les psychiatres qui auraient pu la diagnostiquer. La psychologue que je consultais ne comprenait pas ce qui m'arrivait. Alors, en phase maniaque, je ne voulais plus la voir, puisque je me prenais pour un surhomme. Mais je retournais la voir lorsque j'étais en phase dépressive. Vers la fin de cette période, j'ai eu des idées suicidaires de plus en plus sérieuses, je voulais vraiment en finir, je trouvais que mourir valait mieux que vivre, et j'ai fait des tentatives plus ou moins réussies, jusqu'à ce que j'en fasse une qui me conduise à l'hôpital.

C'est là, pour la première fois en vingt ans, que j'ai rencontré un psychiatre. Il m'a écouté pendant une heure, il m'a fait une piqûre pour me calmer et il m'a dit de venir avec lui, qu'on allait me traiter. Je suis allé à l'Hôtel-Dieu de Montréal, dans le pavillon Jeanne-Mance qui est spécialisé dans les problèmes de santé mentale. On y est enfermé à clé, on ne peut pas en sortir. Là-bas, j'ai rencontré un autre psychiatre que, depuis vingt-deux ans, je continue de consulter. À l'époque de mon séjour à l'hôpital, je l'ai vu plusieurs fois pendant quelques semaines au bout desquelles il m'a annoncé que j'étais atteint de maniaco-dépression. J'ai passé des tests pour vérifier que je ne présentais pas d'allergie au lithium et à l'Épival, puis j'ai commencé le traitement.

Au bout de trois ou quatre semaines, j'ai senti un changement extraordinaire se produire à l'intérieur. Je ne me reconnaissais plus, je me sentais bien comme jamais auparavant. Normalement, j'étais en phase de manie, mais le lithium avait régularisé mes problèmes de santé et j'étais capable de fonctionner très bien. J'étais toujours à l'hôpital, mais les médecins m'ont laissé sortir quelques week-ends pour voir comment cela se passerait puis, au bout d'un moment, ils m'ont dit que je pouvais partir définitivement. Mais je ne voulais pas quitter l'hôpital ! Je m'y sentais bien, j'étais tranquille et en sécurité et j'avais du mal à imaginer que je retournerais dans la vie et que j'y retrouverais tous les problèmes du quotidien.

Finalement, je me suis décidé et je suis parti dans ma petite maison de campagne. Il faut dire en passant que je m'étais ruiné avec cette maladie et que j'avais tout perdu. Je n'avais gardé que cette petite maison à Saint-Hilaire dans laquelle j'ai passé deux semaines. Mais je ne voulais voir personne, à part mon amie du moment que je connaissais depuis plusieurs mois. C'était elle qui m'avait découvert en train d'essayer de me suicider et qui m'avait conduit à l'hôpital. Actuellement, nous sommes toujours ensemble et nous avons des enfants, ce qui prouve à quel point j'ai changé !

Donc, au bout de deux semaines, j'ai décidé un matin de retourner au bureau. Personne n'avait profité de ma maladie pour me virer, mes amis et associés avaient tous été corrects et j'ai retrouvé ma place. Je me sentais comme un joueur de hockey blessé qui revient au jeu, mais qui ne va plus dans les coins aussi souvent qu'avant.

Un mois après mon retour au travail, Reynald, mon associé principal, m'a demandé si je prenais toujours mes médicaments parce que j'avais retrouvé mon énergie, mon imagination et ma capacité de travailler. Oui, j'ai eu cette chance. Et depuis cette époque, cela n'a pas changé. Depuis vingt-deux ans, je n'ai plus jamais connu les hauts et les bas de la maniaco-dépression. J'ai fondé une nouvelle famille et je me suis rétabli sur le plan professionnel. Par contre, ce qui est moins drôle, c'est que j'ai transmis ma maladie à ma plus jeune fille, chez qui on a diagnostiqué la maniaco-dépression quand elle avait quatorze ans. Je n'aurais pas souhaité ça. On n'en guérit pas. Cela fait plus de quarante ans que je suis atteint de cette maladie, vingt ans sans diagnostic et vingt ans avec diagnostic et traitement, mais je suis toujours maniaco-dépressif. La preuve : lorsque mon psychiatre a essayé de diminuer mes doses de lithium pour épargner mes reins (le lithium est en effet un sel et son apport est nocif pour les reins ; en outre, il a le désavantage de faire prendre du poids), je suis remonté en phase maniaque et je ne suis pas retourné voir mon médecin pendant des mois. Je me sentais de nouveau comme un surhomme…

Jusqu'au moment où mes associés m'ont dit : « Guy, t'es comme avant, fais quelque chose ! » Je suis alors allé à l'hôpital pour une analyse de sang afin de vérifier le taux de lithium. Il était très bas. Mon psychiatre m'a ensuite prescrit de nouveau ma dose habituelle. Une autre fois, il a voulu recommencer à réduire le lithium, pour les mêmes raisons. Je suis aussitôt tombé en phase dépressive. Je voulais mourir. La phase maniaque, c'est formidable, merveilleux, génial, mais la phase dépressive, c'est un cauchemar. J'ai donc pris seul l'initiative de prendre une dose supplémentaire de lithium et, au bout de trois semaines, je me suis senti mieux. Lorsque j'ai revu mon psychiatre, je lui ai demandé de ne plus rien changer. Ce qu'on fait depuis ce temps.

À un moment, j'ai aussi pris de l'Épival, un médicament que l'on donne aux épileptiques et dont on a découvert l'efficacité dans le traitement de la maladie bipolaire, et qui permet de réduire la prise de lithium et d'éviter ses effets secondaires, car l'Epival n'en provoque pas. Ce médicament m'a en outre permis d'éliminer mon côté colérique, ce dont je suis très content, car il m'arrivait d'avoir des colères violentes et terribles pour des motifs ridicules.

Depuis quelques années, je ne change plus mon traitement auquel je réagis parfaitement, car je n'ai plus de phase de manie ou de dépression. J'ai de la chance, car ce n'est pas le cas de tout le monde. Il y a environ 40 % des maniaco-dépressifs pour lesquels ni le lithium ni l'Épival ne fonctionnent et qui vivent leur maladie à froid, sans pouvoir être apaisés. Actuellement, je considère que ma maladie est stabilisée, mais je ne suis pas guéri. Je ne sais pas si un jour je le serai. Pour le savoir, il faudrait que je change ma dose de médicaments. Mais je ne veux plus essayer, car cela ne prend pas une journée, mais des mois avant que le traitement soit efficace et stabilise l'humeur. En attendant, je me retrouverais soit en phase maniaque, soit en phase dépressive, et je ne tiens ni à l'un ni à l'autre !

Depuis vingt-deux ans, je prends religieusement mes médicaments, je suis très rigoureux, je ne les oublie jamais. Je sais parfaitement qu'une des plus grandes difficultés de cette maladie est que les malades ne prennent pas leurs médicaments. Dès qu'ils se sentent mieux, ils arrêtent de les prendre, car ils pensent que tout va aller mieux pour longtemps. Ensuite, ils retombent en dépression ! J'ai un cycle de six mois, mais je connais des gens avec des cycles beaucoup plus courts. J'ai connu un directeur photo qui allait très bien pendant trois jours ; les trois jours suivants, il s'enfermait dans une garde-robe, puis en ressortait quand il allait mieux. Trois jours après, il recommençait. Ce n'est pas le cas de la plupart des malades dont les cycles sont en général plus longs.

En sus des médicaments, depuis vingt-deux ans, je rencontre mon psychiatre une heure par mois. Je suis toujours content d'aller le voir, c'est un ami, il sait tout de ma vie. On ne parle pas toujours de ma maladie, parfois on parle de choses comme l'arrêt du tabac ou les problèmes de ma fille. Je n'arrive jamais en retard et je suis toujours heureux de le voir. Mais s'il n'était pas disponible, j'en trouverais un autre. J'ai besoin de parler.

Quelques années après avoir reçu mon diagnostic, on m'a demandé de participer à la création d'une association qui regrouperait les dépressifs et les maniaco-dépressifs. J'ai accepté, car il me paraissait normal, puisque je m'en étais sorti, d'aider à mon tour d'autres personnes à s'en sortir. Dès l'année suivante, j'ai été élu président de l'association et je le suis depuis quinze ans. L'association Revivre vient en aide aux personnes atteintes de dépression et de maniaco-dépression et, plus récemment, à celles atteintes de troubles anxieux. Nous offrons un service d'écoute téléphonique national où travaillent une centaine de bénévoles qui reçoivent vingt mille appels par an. Ces bénévoles ont été formés pour donner des informations sur ces maladies et diriger les gens vers des hôpitaux et des centres de soins. L'association dispose aussi d'un bureau à Montréal, où l'on accueille les gens et répond à leurs questions.

Au début, quand ma maladie a été diagnostiquée, j'en parlais peu. Puis j'ai été invité, en 1988 ou 1989, à l'émission de Louise Deschâtelets à TQS. Je la connaissais très bien et, au cours de l'entrevue, je ne sais pas pourquoi, je me suis mis à lui raconter ma maladie, ce que j'ai vécu, le diagnostic, etc. Personne ne parlait de ça à l'époque, les maladies mentales étaient taboues. Le lendemain, j'ai reçu des centaines d'appels de toutes parts. Des gens voulaient comprendre, d'autres, m'interviewer. Ensuite, j'ai participé à l'émission de Jeannette Bertrand en compagnie de sept ou huit invités maniaco-dépressifs. Depuis cette époque, j'interviens régulièrement dans les médias à ce sujet. Jusqu'à cette semaine, où je vais intervenir dans une émission à propos de la maniaco-dépression dans le couple.

Dans le couple, cette maladie mène à peu près toujours au divorce… Moi-même, pendant les vingt ans durant lesquels j'étais malade sans être soigné, je n'ai pas été un exemple de stabilité conjugale. J'ai dû me séparer quatre, cinq ou six fois. La preuve que j'ai changé depuis, c'est que cela fait vingt-deux ans que je suis avec ma conjointe. Cela ne serait pas arrivé sans lithium. Je suis aussi devenu une sorte de référence pour mes amis. Quand ils ont un problème avec leur conjoint ou avec leurs enfants, ils m'appellent et, comme j'ai beaucoup de contacts dans le domaine, je peux souvent les orienter. Le lithium a changé ma vie.

Sur les conseils de Guy Latraverse, j'ai rencontré Jean-Rémy Provost, le directeur général de Revivre. Un des buts de cette association est d'amener les gens à parler de la maladie afin de lever les tabous qui l'entourent. De nombreuses personnes en sont atteintes et l'ignorent, et celles qui ont été diagnostiquées le cachent. Les répercussions de la maladie mentale sur l'entourage sont terribles et, souvent, les proches paniquent, en particulier durant les phases de manie, car, alors, le malade peut devenir violent, dangereux pour lui-même et pour les autres.

Revivre et Jean-Rémy Provost

Le nom complet de l'association dont je suis le directeur général est « Revivre, association québécoise de soutien aux personnes souffrant de troubles anxieux, dépressifs et bipolaires ». Nous nous occupons des personnes atteintes d'une de ces trois maladies. L'association existe depuis dix-huit ans. Auparavant, elle s'appelait « association des dépressifs et des maniaco-dépressifs », mais elle a changé de nom en 2001, car nous avons intégré les troubles anxieux à notre mission. Nous faisons principalement de « l'écoute-information-référence » par l'intermédiaire de différents services offerts aux personnes atteintes et à leurs proches. Nous offrons un service d'écoute téléphonique et des groupes d'entraide, et nous organisons des conférences bimensuelles qui se déroulent à Montréal de septembre à juin, et durant lesquelles nous abordons tous les sujets en relation avec ces maladies et proposons des relations d'aide individuelle sur place, dans notre centre. Un peu partout au Québec, nous avons des stands d'information et offrons des ateliers. Nous tenons aussi à jour un site Internet, qui a été consulté par un demi-million de personnes en 2007 et offre une grande quantité d'informations ainsi qu'un forum de discussion très actif. Notre organisation est provinciale, et on peut nous appeler sans frais de partout au Québec, du lundi au vendredi, de 9 h à 21 h. Nous répondons aussi aux courriels pour permettre aux gens qui ont moins envie de parler de communiquer quand même avec nous.

Nous recevons des appels de gens malades, qu'ils aient été diagnostiqués ou non, ainsi que de leurs proches, par exemple lorsqu'ils sont désemparés face à un maniaco-dépressif en crise. Parfois, les gens s'interrogent sur les affections dont on s'occupe et, s'ils cherchent de l'information sur la schizophrénie ou les troubles de la personnalité, nous les dirigeons vers les organismes concernés.

En outre, nous avons constitué un catalogue, par région et par ville, qui couvre toute la province et nous rend capables, lorsque les gens nous appellent de loin en région, de leur indiquer les ressources les plus proches de chez eux.

Nous proposons également différents ateliers sur des thèmes particuliers, comme la prévention des rechutes ou l'estime de soi. Certains de ces ateliers sont offerts dans le Grand Montréal, ou même plus loin dans la province.

Nos groupes d'entraide sont de deux ordres : d'abord, des groupes ouverts aux personnes non membres de Revivre qui viennent parler de leur maladie entre elles. Le but est de permettre aux gens de sortir de leur isolement, de parler de ce qu'ils vivent et d'entendre ce que les autres proposent pour les aider à s'en sortir. Les groupes fermés, quant à eux, rassemblent des personnes membres de l'association qui se rencontrent et cheminent ensemble pendant douze semaines. Ces rencontres sont divisées en deux parties. Au cours de la première partie, à l'occasion d'un tour de table, les gens racontent ce qu'ils ont vécu pendant la semaine en lien avec leur maladie. Ensuite, une discussion se tient sur un thème choisi par le groupe, comme l'estime de soi, la relation avec la famille, etc. Souvent, les gens continuent à se voir à la suite de ces douze semaines qui leur ont permis de forger des amitiés dans lesquelles ils n'ont pas à se justifier ; ils savent qui ils sont, ce dont ils souffrent, et ils ne sont pas gênés d'en parler, ce qui leur est très bénéfique.

L'association fonctionne avec l'aide de bénévoles recrutés non seulement parmi des personnes atteintes et certains de leurs proches, mais aussi parmi des étudiants en psychologie ou en travail social. Peu importe que le bénévole soit atteint lui-même de maladie mentale ou pas, l'important est d'être capable d'écoute et d'empathie avec la personne qui demande de l'aide, car il s'agit de la soutenir. Ces bénévoles sont formés par l'association, et nous procédons à une évaluation individuelle très stricte. Certains malades peuvent être efficaces, d'autres, pas du tout, et la maladie n'y est pour rien. Ce bénévolat n'est pas facile, on reçoit parfois des appels compliqués et la clientèle est de plus en plus lourde. Cela fait quatorze ans que je travaille ici, et les premières années, nous ne faisions appel au 911 qu'une ou deux fois par an. Actuellement, c'est au moins une fois par semaine. Nous ne sommes pas un service de crise, mais il arrive que les gens qui nous appellent aient non seulement des pensées suicidaires, mais savent où, quand et comment ils passeront à l'acte.

Dans ces cas-là, nous devons absolument déclencher une intervention des ambulanciers. Nous procédons d'abord à une évaluation de la personne. En matière de prévention du suicide, il faut nommer les choses. On demande donc clairement à la personne si elle a des pensées de mort. Si elle répond par l'affirmative, mais qu'il ne s'agit que de pensées, nous essayons de la rassurer et lui conseillons également de s'adresser à Suicide Action, un service disponible 24 heures sur 24. Mais si la personne nous paraît décidée, nous affirme qu'elle va passer à l'acte le jour même et sait comment, nous demandons alors une intervention. On reste au téléphone avec l'appelant, tandis qu'un collaborateur appelle l'ambulance. On prévient la personne qui nous a appelés que l'ambulance arrive et, en général, on obtient sa collaboration. Quand la personne nous dit qu'elle ne veut pas qu'on appelle l'ambulance, nous considérons qu'elle est en danger de mort et que c'est notre devoir de citoyen d'intervenir. Nous appelons donc les secours quand même.

Au Québec, nous vivons une révolution dans le système de soins en santé mentale. Dès 2009, dans chaque CLSC du Québec seront mis en place des guichets d'accès en santé mentale avec une équipe multidisciplinaire composée d'un médecin, d'un psychologue et d'un travailleur social qui pourront évaluer les patients. Sur papier, c'est une bonne chose, car la plupart des gens ne disposent pas de médecin de famille et les délais d'attente pour voir un psychiatre sont très longs. À Revivre, nous ne faisons pas de diagnostic, nous ne sommes pas médecins, mais dorénavant nous pourrons conseiller aux gens de se rendre dans ces guichets d'accès pour obtenir une évaluation.

Quand ils nous appellent, les gens sont souvent vraiment désemparés, désorientés, leur jugement est parfois altéré. Ils ne savent pas ce qu'ils ont, car les maladies mentales sont insidieuses et s'étalent sur des semaines. De plus, en phase de manie, les malades pensent qu'ils vont bien, mais que les autres ne vont pas bien, aussi le diagnostic est difficile à poser. Seuls les maniaco-dépressifs qui ont été diagnostiqués et connaissent les phases viennent consulter en période de manie, par peur de troubles psychotiques. Mais dans le cas de la maniaco-dépression, souvent, une période de sept à huit ans peut se dérouler entre l'apparition du premier symptôme et le diagnostic. Cette période très longue a de nombreuses répercussions : le malade perd son emploi, subit des conflits familiaux graves et peut développer des maladies physiques et même des lésions au cerveau.

Nous recevons énormément d'appels de conjoints de maniaco-dépressifs, eux-mêmes en dépression, surtout dans les cas où la personne atteinte ne veut pas s'aider. Le conjoint se rend compte qu'il y a un problème, mais la personne atteinte le nie et prétend que son conjoint ne va pas bien, même devant l'évidence des symptômes. Ce comportement du malade entraîne des conséquences douloureuses pour tout son entourage, son conjoint, ses enfants, et ses collègues de travail. Le malade perd donc en général son emploi.

On ne peut pas dire que la maniaco-dépression se guérit, mais elle peut se traiter. Dans la plupart des cas, une médication à vie est nécessaire. Cette forme de traitement ne suffit toutefois pas ; la personne atteinte doit surveiller son hygiène de vie, son sommeil et son alimentation. Même en l'absence de cycles pendant des années, le maniaco-dépressif demeure bien plus vulnérable au stress que les personnes saines. Mais si on ne peut pas prévenir totalement la réapparition des crises, on peut les anticiper, s'assurer d'une certaine stabilité, et éviter que la maladie ne s'aggrave. Il est possible de déceler les signes avant-coureurs des crises. Par exemple, si le sommeil diminue, il faut en parler à son médecin. Il est indispensable de bien se connaître autant que de bien connaître la maladie et ses symptômes.

Dans cette optique, l'association Revivre assume un rôle d'éducation. On explique aux gens que c'est la personne atteinte qui occupe le rôle central, que ce n'est ni le médecin ni le psychologue, mais bien elle, car c'est elle qui connaît le mieux son fonctionnement dans la vie et les symptômes les plus percutants de sa maladie, et qui s'avère la plus capable de reconnaître les éventuels événements déclencheurs.

La plupart du temps, les maniaco-dépressifs réagissent bien à leur traitement pharmacologique, que ce soit le lithium ou l'un des six ou sept autres stabilisateurs de l'humeur qui existent sur le marché. Mais ces médicaments ont des effets secondaires, comme n'importe quel médicament, et nous sommes confrontés à un très haut taux d'abandon de la médication pour toutes sortes de raisons, dont peut-être ce qu'on appelle « l'effet antibiotique ». Dès que les gens atteints commencent à bien aller, ils arrêtent de prendre leurs médicaments. On ne leur répète peut-être pas encore suffisamment que ces médicaments ne se contentent pas d'apaiser les symptômes, ils stabilisent la maladie et jouent un rôle actif dans le cerveau. Il faut les prendre sur une longue période. On peut comparer la situation des maniaco-dépressifs à celle des diabétiques obligés de prendre de l'insuline à vie. Mais la personne atteinte de trouble bipolaire qui arrête de prendre ses médicaments peut bien aller pendant plusieurs mois, voire plusieurs années, et donc être confortée dans son abandon des médicaments, puis subir une terrible rechute. La maniaco-dépression, moins constante que le diabète, fonctionne selon le même principe.

Mais nous vivons dans une société performante où tout va très vite et les gens ne tolèrent pas que leurs traitements demandent du temps pour agir. Souvent, des malades nous appellent en nous disant qu'ils ne sont pas contents de leurs médicaments, qu'ils ne sont pas sûrs qu'ils fonctionnent et qu'ils vont les jeter à la poubelle. La première question que nous leur posons est: « En avez-vous parlé à votre médecin ? » La réponse est en général négative parce qu'ils n'ont pas osé. On les encourage alors à lui en parler, car il est possible que leur traitement ne soit pas adapté à leur cas. Une bonne communication médecin-patient est indispensable, c'est même une des principales difficultés. Les médecins sont obligés de procéder à tâtons, par essais et erreurs, puisqu'il n'existe pas de test physique pour déterminer l'efficacité de ces médicaments.

Nous n'incitons pas les gens à prendre leurs médicaments, mais nous les invitons à parler de leurs médicaments avec leur médecin, à tenter de trouver un traitement différent ou à modifier les doses si nécessaire et, surtout, nous leur expliquons que d'autres avenues sont possibles. Pour être efficace, une thérapie doit être globale, et il est prouvé que le fait de suivre une psychothérapie en même temps qu'un traitement pharmacologique procure de bien meilleurs résultats que la médication seule. Le contexte social de la personne et son entourage comptent aussi beaucoup.

Mais les médicaments coûtent cher, et la psychothérapie aussi. Une psychothérapie demande un grand nombre de séances. Il faut comprendre la maladie, l'intégrer à la vie personnelle, et cela demande du temps. Si la psychothérapie était gratuite, il y aurait beaucoup moins de rechutes, moins d'hospitalisations, moins de médication. Une psychothérapie augmente enfin les chances de rémission et de rétablissement. Les recherches prouvent que c'est la combinaison de traitements qui est gagnante.

Car il n'y a pas de pilule miracle. C'est le deuil le plus difficile à faire pour les malades. En attendant la stabilisation de leur humeur, il y a parfois des choses qu'ils ne peuvent plus faire. Les malades doivent accepter de vivre en fonction de leur maladie. Par exemple, cette maladie cause beaucoup de tremblements, dus souvent au lithium, rendant impossible le travail d'un neurochirurgien ou d'un sculpteur, par exemple, ou tout travail de précision. Dans le milieu des communications peut surgir l'angoisse de la page blanche. Aussi, de plus en plus de spécialistes parlent d'adapter certains métiers ou professions, comme cela a été fait pour certaines personnes souffrant d'autres handicaps. Il faudrait, par exemple, répartir différemment les pauses, exercer moins de pressions quant aux échéances, etc.

Nous incitons également les malades à s'interroger sur leur emploi actuel, à se demander s'il est un facteur de stress, s'ils sont encore capables d'assumer leurs fonctions, s'ils ont envie de continuer dans cet emploi, etc.

Nous encourageons les proches à assister aux rencontres individuelles. Très souvent, les gens nous disent qu'ils n'osent pas avouer le diagnostic à leurs proches, à leurs parents, à leur conjoint, à leurs enfants. Parfois, la famille elle-même est en situation de déni et n'accepte pas la maladie mentale d'un de ses membres. Enfin, la personne malade elle-même souffre souvent d'un grand nombre de préjugés. Or, l'isolement représente un facteur dramatique, car cette maladie exige qu'on la verbalise. Aujourd'hui, on traite mieux la maladie mentale, elle est mieux connue, on en parle davantage, on peut avouer publiquement qu'on en souffre, mais les malades sont beaucoup plus isolés et vivent plus retirés qu'autrefois, car leur milieu, bien souvent, les rejette alors qu'il les protégeait jadis.

Cette maladie est héréditaire. Quand un des deux parents est bipolaire, l'enfant a une chance sur quatre de développer la maladie et quand les deux parents sont bipolaires, le pourcentage est de 50 % à 75 %. Mais cette maladie dépend aussi de l'environnement, de la culture, de l'histoire personnelle, de l'éducation. Un grand nombre de facteurs doivent être réunis pour aboutir à son apparition et à son développement. On constate ainsi que de nombreux malades ont subi des abus sexuels dans leur enfance ou perdu un parent avant l'âge de treize ans.

Certains psychiatres américains affirment que le trouble bipolaire peut apparaître dès l'enfance, à cinq, six, sept ans. Les psychiatres canadiens et québécois sont plus prudents, mais tous sont d'accord pour reconnaître que la maniaco-dépression peut se manifester dès l'adolescence. Les manifestations ne sont pas nécessairement les mêmes que chez les adultes, mais elles existent, parfois plus violentes que chez les adultes, car les adolescents passent plus rapidement à l'acte.

Mon épouse souffre de trouble bipolaire et nous avons une fille de sept ans. Quand ma conjointe a été diagnostiquée, ses parents ont été complètement décontenancés. Aujourd'hui, ma conjointe et moi connaissons très bien la maladie et si elle se manifeste chez notre fille, nous serons capables d'intervenir très rapidement. Nous sommes attentifs aux cassures éventuelles et le serons particulièrement durant son adolescence. Nous remarquerons si elle s'isole, si elle devient irritable, si ses résultats scolaires chutent. Ou, à l'inverse, si elle se met à parler sans arrêt, si ses idées se bousculent ou si elle veut faire un *show* au Stade olympique.

Cependant, comme dans n'importe quelle maladie, il y a des cas plus graves qui exigent une hospitalisation. Autrefois, on parlait de « psychose maniaco-dépressive », puis on a retiré le mot « psychose », car seuls 15 % des cas dégénéraient en épisodes psychotiques, parfois très brefs. Maintenant, on parle de « trouble bipolaire » de deux types. Le type bipolaire II ne présente pas de phases de manie significatives, mais d'importantes phases dépressives. Il y a également la cyclothymie qui présente de légères phases de manie et de dépression.

La maniaco-dépression a des aspects positifs. Elle augmente la créativité et la force de travail. Mais, surtout, cette maladie, comme toute souffrance, contraint les gens à s'arrêter et à se regarder dans le miroir, à se demander qui ils sont vraiment et ce qu'ils veulent véritablement faire dans la vie. Ces questions sont douloureuses, mais une fois les difficultés traversées et les tensions dépassées après la stabilisation de la maladie, ces gens se connaissent mieux que les autres, ils connaissent leurs limites, leurs forces, leurs faiblesses, ils apprécient davantage la vie quotidienne, avec ses imperfections. Ils deviennent davantage en paix avec eux-mêmes.

Certains maniaco-dépressifs disent qu'ils s'ennuient de la période de manie, en particulier les gens qui évoluent dans le milieu artistique, mais, la plupart du temps, ils savent qu'inévitablement ils vont tomber en dépression. En phase de manie, quelqu'un qui fait de l'improvisation peut être un joueur étoile pendant un court moment, mais, très rapidement, la manie apporte de la confusion dans les idées et un manque de concentration. Le corps ne suit plus, le manque de sommeil nuit et la dépression s'installe invariablement.

Les gens nous demandent souvent si nous pensons qu'ils devraient révéler leur maladie au grand jour. On ne peut pas répondre à cette question. Mais on leur propose une nouvelle fois la comparaison avec les diabétiques. On leur demande : « Si vous étiez diabétique, est-ce que vous l'afficheriez ? Est-ce que vous claironneriez dans votre milieu de travail que vous êtes diabétique ? Probablement pas. » Certaines personnes acceptent de s'afficher afin de briser les tabous avec nous, mais en dehors de ces actions précises, ce n'est pas nécessaire.

La maladie mentale semble cependant moins taboue qu'auparavant. Pourtant, les interrogations concernant les termes à employer sont significatives. On est passé de « folie » à « maladie mentale », maintenant on parle plus volontiers de « santé mentale » ou même de « santé psychologique ». Mais il s'agit de la même souffrance ! Nous comprenons très bien que les gens préfèrent dire qu'ils ont « des problèmes de santé mentale », mais dans l'association, nous voulons démystifier les maladies mentales, aussi nous nommons les choses. Ces pathologies sont classifiées et précises. Cependant, si nous avons suivi le mouvement et appelons désormais la maniaco-dépression « maladie bipolaire », nous l'avons fait à contrecœur. Nous y sommes contraints, car les gens ne comprenaient pas pourquoi on leur parlait de maniaco-dépression alors qu'on leur avait posé un diagnostic de maladie bipolaire. Et puis, cela fait une jolie appellation : « troubles anxieux dépressifs bipolaires ».

Si on exclut la part de suicides, car 90 % des gens qui se suicident souffrent d'une maladie mentale – la maniaco-dépression ou la dépression dans 60 à 80 % des cas –, la maladie mentale n'est pas mortelle et il y a quelque chose à faire. Plus la science évolue, plus les traitements se raffinent et nous savons que d'autres innovations formidables sont en préparation.

Au Québec, on estime qu'une personne sur quatre ou cinq a tendance à développer une maladie mentale, on évalue à 4 % le taux de maniaco-dépressifs dans la population, de 17 % à 18 % le taux de dépressifs, et 20 % à 25 % de la population présentent des troubles anxieux. On dit qu'en 2020 la dépression aura un effet très marqué sur la courbe de morbidité. Elle est déjà la première cause d'invalidité, car 40 % des invalidités à court ou moyen terme sont dues à la dépression. Ce taux a augmenté considérablement, ce qui s'explique facilement dans notre société de performance très exigeante dans laquelle le travail manuel a été remplacé par le travail intellectuel. Lorsque le jugement est altéré, que les pensées et les émotions sont confuses, les conséquences sont énormes dans le milieu de travail, où les gens se disent beaucoup plus stressés qu'il y a vingt ans.

Les maladies mentales sont des maladies comme les autres. La santé mentale, très fragile, concerne tout le monde, et nous devons y prêter autant d'attention qu'à la forme physique.

Pourtant, même malade, on peut revivre.

Elle

Depuis de nombreuses années, je vois régulièrement mon médecin, un psychiatre que j'ai connu à la suite d'une crise, peu après la naissance de mon premier enfant. Une fois de plus, j'allais très mal, je souhaitais en finir, mais je ne voulais pas qu'on m'hospitalise. Devant mon désarroi, une amie proche qui étudiait en travail social s'est débrouillée pour qu'un médecin vienne me rendre visite à la maison.

J'étais troublée et perturbée. J'ai d'abord entendu sa voix dans le couloir. Il faisait noir dans ma chambre. Il s'est assis sur le petit tabouret près de mon lit et il s'est présenté. J'étais très étonnée de rencontrer un psychiatre haïtien, je n'en avais pas vu beaucoup. Je lui trouvais une bouille sympathique. Professionnel et paternel, il me rappelait mon père. Comme lui, c'était un homme noir éduqué et calme. Il m'a apaisée et m'a évité d'être hospitalisée.

Il m'a suggéré de le rencontrer en clinique externe pour entamer une psychothérapie et, depuis ce moment, il est mon psychiatre attitré. Au début, j'ai eu beaucoup de difficulté à m'ouvrir. La psychothérapie me demande de retourner dans le passé, ce qui est très douloureux. Certains souvenirs me sont très pénibles à revivre et je préférerais les oublier. Avoir à les faire remonter à la surface, c'est comme me donner des coups de couteau. Quand je les évoque, je tombe dans une folie meurtrière et j'ai envie de tuer toutes les personnes qui m'ont fait mal. Les abandons que j'ai vécus m'ont marquée à la puissance mille et, dès que j'ai l'impression qu'on veut m'abandonner, je deviens extrêmement cruelle et méchante, et je suis capable du pire. Quand je sors d'une séance, il m'arrive de me sentir beaucoup plus légère et d'être enchantée, mais, la plupart du temps, je suis atterrée. Certaines fois, je m'écroule en pleurs et je ne suis plus capable de prendre le volant ni même de mettre la clé dans la serrure. La psychothérapie me fait comprendre mes comportements, mais elle me fait terriblement souffrir.

Chaque séance démarre de la même façon :

– Alors, madame Etienne, je vous écoute.

Mon psychiatre se souvient exactement de ce que je lui raconte, contrairement aux médecins que j'ai vus avant lui. Je n'ai pas besoin de répéter toute mon histoire, ce qui m'est très pénible. J'apprécie qu'il se rappelle le prénom de mes enfants. Je sens qu'il s'intéresse à moi, il me donne le sentiment de compter, de ne pas être un simple numéro, une patiente parmi d'autres. Avec lui, je peux parler de la souffrance de la femme noire et aborder des sujets dont je n'aurais pas pu discuter avec un médecin blanc.

Parfois, il me gronde :

– Vous venez toujours me voir quand il y a le feu. Il ne faut pas venir seulement quand vous êtes en crise. Vous devez venir régulièrement, même quand vous allez bien pour que nous puissions cheminer ensemble.

Mais j'aime le défier pour que, comme un papa, il me rappelle à l'ordre.

À un moment, je prends rendez-vous, mais je ne me présente pas. Il m'appelle et me dit :

– Madame Etienne, je crois que je ne suis plus en mesure de vous aider, mais j'ai fait des démarches pour vous et vous viendrez voir une consœur dans le même bureau.

Mon médecin m'abandonne ! Je suis dévastée, je m'effondre, je souffre abominablement.

La semaine suivante, je rencontre la psychologue à laquelle il m'a adressée. Je la déteste immédiatement. Je la trouve nulle. En sortant, j'appelle mon médecin :

– Docteur, vous n'avez pas le droit de m'abandonner, cela fait des années que vous me suivez, je n'aime pas cette femme et je ne veux pas la voir.

– Alors, respectez vos rendez-vous.

Après cet incident, je n'ai plus jamais manqué un rendez-vous.

Il est le seul médecin que je veuille voir. Il est la seule personne au monde à laquelle je me confie sans aucune retenue, sans avoir peur d'être jugée. Je peux lui dire tout ce qui me passe par la tête, n'importe quoi. J'ai toujours hâte d'aller le consulter parce que je me sens en confiance avec lui. Il me pose des questions, mais il émet rarement des commentaires. Il a toujours une réponse à me donner et j'aime son approche. Il me demande de lui expliquer les situations et il les décortique en entier. Il est en mesure de me dire d'où viennent mes carences et mes insécurités. La plupart du temps, elles sont issues de mon enfance. Il dédramatise beaucoup. Et puis, surtout, il me fait réaliser que je suis malade et que je dois prendre mes médicaments. Son exemple favori est de me comparer à une personne diabétique qui a besoin de son insuline. Il m'a beaucoup aidée à accepter ma maladie. Il ne me donne pas le sentiment que je suis marginale ou anormale et il me répète que la normalité n'existe pas.

Mon médecin m'a longuement expliqué ce qu'était la maladie dont je souffre. Il m'a appris qu'elle est connue depuis la nuit des temps. Il m'a raconté que depuis l'Antiquité grecque, et même dans la Bible, chez Saul par exemple, les traditions médicales ont noté les variations de l'humeur chez l'être humain. Ces variations sont normales et, d'une certaine façon, tout le monde est cyclique. « Nous sommes tous des maniaco-dépressifs », proclame le titre de l'ouvrage du docteur Ronald Fieve pour illustrer la réalité du phénomène. Nous vivons tous avec des hauts et des bas. Il est des jours où chacun de nous se sent en pleine forme, optimiste, brillant, à l'aise. Ces jours-là, tout ce qu'on entreprend réussit. Puis, il y a d'autres journées où l'on est traversé par des moments de tristesse, de lassitude, et les tâches quotidiennes nous paraissent mornes et sans intérêt. Ces changements d'humeur normaux sont bénéfiques, dans la mesure où ils permettent, en période de dépression, d'exprimer les sentiments négatifs autrement refoulés, et où ils servent à augmenter la confiance et l'estime de soi en période de joie. Mais lorsque l'oscillation naturelle de l'humeur est exacerbée et dépasse les seuils normaux, alors elle peut devenir un trouble. L'humeur gaie devient euphorie, exaltation, et verse dans la manie. De même, le sentiment de tristesse devient dépression, mélancolie et intense souffrance mentale.

Déjà, plusieurs siècles avant Jésus-Christ, les premiers médecins grecs, Hippocrate, puis Cappadoce, avaient reconnu la « mélancolia » et la « bile noire », ou la dépression et la manie, et ils avaient pressenti l'existence d'une relation entre elles. Ils avaient noté qu'elles pouvaient survenir chez une même personne. Mais pendant des siècles, elles furent traitées séparément l'une de l'autre.

Puis, de multiples études menées de tous côtés ont, de façon indépendante, précisé l'intuition des Anciens sur les liens entre manie et mélancolie en observant que les deux maladies se succèdent souvent et que la première se transforme en la seconde, et réciproquement. Les médecins se sont rendu compte qu'il s'agissait de phases et de cycles, et ont relié les deux états en une seule maladie.

Au XIXe siècle, le médecin français Jules Baillarger présenta à l'Académie de médecine un mémoire portant sur l'étude d' « un genre spécial d'aliénation mentale caractérisé par l'existence régulière de deux périodes ». L'une de ces périodes étant faite d'excitation, la manie, et l'autre d'abattement, la mélancolie. Baillarger proposa de nommer cette nouvelle forme d'aliénation la « folie à double forme ». Plus tard, cette maladie fut appelée la « folie circulaire ».

Au début du XXe siècle, Emil Kraepelin, un médecin de l'école allemande de psychiatrie, élabora un *Traité des maladies mentales* qui, pour l'essentiel, a jeté les bases sur lesquelles repose la psychiatrie d'aujourd'hui. Il proposa une classification très fine des différents troubles mentaux au sein de laquelle figurait le cadre de la « folie maniaco-dépressive », qu'on appela rapidement « psychose maniaco-dépressive ». Ce terme s'imposa jusque dans les années 1970. En outre, Kraepelin isola, à côté de la manie et de la mélancolie, l'état mixte où s'associent dans un même accès des symptômes de types mélancolique et maniaque. Pour lui, cette folie était largement déterminée par l'hérédité.

Puis, dans les années 1970, le terme « psychose maniaco-dépressive » fut remplacé par celui de « maladie maniaco-dépressive » et, plus récemment, par celui de « maladie bipolaire ». Ces changements de terme révèlent l'évolution de la connaissance de la maladie : le mot « psychose » est devenu impropre à la qualifier, car il s'agit d'une maladie de l'humeur qui comporte rarement des délires et des hallucinations. Entre deux épisodes maniaques ou dépressifs, les malades connaissent des phases de répit dans lesquelles ils peuvent être parfaitement bien.

La maladie bipolaire se présente donc sous la forme d'une alternance de périodes d'exaltation et d'expansivité ou d'irritabilité – la manie – suivies de périodes de tristesse, de perte d'intérêt ou d'absence de plaisir – la dépression –, avec, entre les deux, des périodes normales pouvant durer des jours, des mois ou même des années. Cependant les cycles finissent par recommencer et, la plupart du temps, la manie précède la dépression.

Cette maladie est difficile à diagnostiquer car, en période de manie, le malade se sent très bien. Cette phase se traduit par un état d'excitation psychique et motrice. L'activité gestuelle, le débit verbal, la pensée sont accélérés. L'humeur est gaie, enjouée, euphorique. La représentation du monde est excessivement positive. Le temps de sommeil est considérablement réduit. Le malade nourrit des projets grandioses qui aboutissent parfois, mais pas toujours.

On peut se demander si cette maladie ne serait pas une forme de sélection génétique d'une sous-population nécessaire à toute société, puisque c'est celle qui fournit les aventuriers, les bâtisseurs, les créateurs. De très nombreux artistes et écrivains sont atteints de cette maladie, et la créativité est importante au moment des phases d'exaltation.

Un grand nombre d'œuvres littéraires et artistiques ont été élaborées sous l'excitation de phases de manie ou d'hypomanie. Par exemple, Rossini composa *Le Barbier de Séville* en 13 jours, délai tout juste suffisant aux musicologues pour réaliser une transcription du manuscrit ; Honoré de Balzac écrivit *La cousine Bette* en moins de six semaines, et Haendel composa son oratorio *Le Messie* en un peu plus d'un mois. Ces artistes étaient tous maniaco-dépressifs, ce qui confirme qu'un certain nombre de gens atteints de cette maladie sont plus créatifs que la moyenne. Parmi les poètes, écrivains, artistes et musiciens célèbres reconnus comme étant maniaco-dépressifs, on peut citer Gérard de Nerval, Charles Baudelaire, Honoré de Balzac, Jack London, Vincent Van Gogh, Paul Gauguin, Ernest Hemingway, Albert Camus, Virginia Woolf, Graham Greene, Robert Schumann, Charlie Parker, Leonard Cohen ou encore Marlon Brando. On a révélé que certains grands hommes politiques étaient également maniaco-dépressifs, comme Abraham Lincoln, Theodore Roosevelt, Winston Churchill, ainsi que des savants comme Thomas Edison ou Bruno Bettelheim. La liste est très longue.

Cette créativité exacerbée peut être exploitée totalement par l'individu qui en est porteur, car il est capable de travailler des heures d'affilée sans dormir et sans ressentir aucune fatigue. La maladie lui apporte une énergie importante avec une réduction du sommeil sans conséquences.

Dans le cas de grande manie franche, cependant, les patients en phase maniaque sont conduits à l'hôpital, car ils ne sont plus fonctionnels. Mais dans sa forme plus subtile et sournoise, qu'on appelle « l'hypomanie », la maladie conduit à des attitudes et à des comportements très adaptés à nos sociétés modernes axées sur la performance. On ne la décèle donc pas chez tous ces messieurs et dames qui travaillent 90 heures par semaine avec leurs ordinateurs portables, leurs cellulaires, leurs iPhones sans cesse branchés, qui doivent payer leurs condos et leurs voyages en Europe, acheter du Gucci et réussir dans leur travail, car ils sont parfaitement intégrés au modèle d'hyperperformance de nos sociétés.

En période de manie, le patient est heureux. Il est volontiers trop familier, il cherche avec frénésie le contact d'autrui, allant jusqu'à aborder des inconnus. Il harcèle ses proches en multipliant les visites impromptues et les appels téléphoniques à toute heure du jour et de la nuit. Il leur adresse des flots de lettres, des multitudes de courriels. Mais cette humeur est versatile, avec des passages rapides et plus ou moins compréhensibles du rire aux larmes, de la joie à l'agressivité. Le patient séduit puis agresse son entourage, qu'il aime manipuler et qu'il ne ménage pas. Il passe d'une attitude enjôleuse et chaleureuse à l'agressivité verbale ou gestuelle, exigeant que chacun se soumette à ses désirs. Il ressent les événements, les attitudes des autres avec une acuité inhabituelle et il y réagit de manière intense. Il peut être sarcastique, méchant. Ses propos sont incessants, souvent drôles, riches en plaisanteries et en jeux de mots. Les yeux brillants et le visage animé, il ponctue ses phrases de gestes désordonnés, rit ou applaudit. Il est difficile de tenir avec lui une conversation sensée, car il n'écoute pas et son flot de paroles, même s'il peut paraître brillant un moment, sature rapidement ses interlocuteurs. Ses idées s'éparpillent, sa pensée se désorganise et il devient incapable de se concentrer. La personne se surestime, se sent invincible et au-dessus des lois. Cet optimisme inébranlable l'entraîne souvent à prendre des décisions de façon précipitée, comme un déménagement ou un voyage, et à faire des dépenses excessives et somptueuses. Elle accumule les achats inutiles et les objets coûteux, couvre ses proches de cadeaux et s'endette lourdement. Un bon maniaque a fait au moins une fois faillite au cours de sa vie. Il arrive qu'il démissionne de son emploi pour se consacrer à ses projets fabuleux, ou encore que son attitude conduise à son congédiement. Sa recherche frénétique de plaisir s'accompagne d'un relâchement des pressions morales et sociales. La levée de ses inhibitions s'associe à une hypersexualité et expose le patient à des débordements. Le malade perd toute notion de contrainte intérieure et se sent tout-puissant. Ses pulsions instinctives et affectives se déchaînent et l'entraînent malgré lui dans un tourbillon vertigineux. Rien ne semble pouvoir l'arrêter, il veut satisfaire ses désirs et réaliser les plus grands projets. Il n'y a plus de demi-mesures, d'équilibre ou de repos. Tout est allégresse, effervescence et chaos. Le patient aborde l'existence avec l'impression qu'aucun obstacle n'entravera sa route. Il va dévorer le monde.

Mais il y a le retour de bâton, la fatigue liée à une telle fuite en avant constante, qui entraîne des épisodes de dépression majeure importants. Si la manie ressemble à un tourbillon emportant tout sur son passage, la mélancolie est une spirale qui attire le malade vers les abîmes de la souffrance mentale.

La tristesse devient chronique et s'accompagne de perte d'appétit, d'envie irrésistible de dormir ou d'insomnie, de diminution de l'estime de soi et de difficulté à se concentrer. Rien ne peut faire rire ou sourire le déprimé, qui pense avoir perdu pour toujours le goût de rire. Les émotions sont engourdies et le malade peut rester inactif des journées entières. Le sommeil et le repos ne lui permettent pas de récupérer. La fatigue persiste, et il n'arrive pas à se détendre. Le déprimé ne s'intéresse plus aux activités ni aux relations sociales qui le passionnaient quelques jours plus tôt. Il n'a envie de rien, ne cherche plus à se distraire et éprouve des difficultés à travailler. Taciturne, sombre et silencieux, il a tendance à s'isoler et à fuir les autres. Il ressasse le passé, se culpabilise et se blâme pour des événements, des états ou des situations qui le troublent. Il est obsédé par les remords et les regrets. Il s'accuse de tout, se dévalorisant et se dépréciant. Il se sent incapable, improductif, inutile, indigne de vivre et d'être aimé. Il éprouve un sentiment de honte intense. Il se reproche de ne plus pouvoir éprouver les sentiments d'autrefois envers son entourage. Il se sent irritable, angoissé, il est agité, nerveux, et il ressent une peur disproportionnée. Il ne supporte plus les comportements habituels de ses proches, ni son environnement. Il perd tout courage et se résigne. Les obstacles lui paraissent insurmontables, il n'est pas capable de prendre des décisions et n'a plus aucune initiative. Tout le préoccupe, l'inquiète, lui paraît vain, sombre et sans espoir. Il appréhende les contacts avec les autres en raison de son sentiment d'infériorité. Il pense lentement, il manque d'idées et a de la difficulté à les associer entre elles. Il se sent paralysé psychiquement et tout effort intellectuel, que ce soit lire, écrire ou se concentrer sur la plus simple des tâches, devient impossible. La mémoire lui fait défaut. Toute situation lui paraît désespérée et négative. Il récrimine sans cesse face à ce qu'il considère comme des agressions. Sa morosité s'accentue et se transforme en désespoir accablant. Il ralentit ses activités jusqu'à les figer complètement. Ses forces l'abandonnent, il ne peut plus bouger. La perte de son élan vital l'empêche alors d'effectuer les gestes du quotidien, comme se lever, se laver, s'habiller. Le malade souffre de relâchement musculaire et son attitude corporelle est caractéristique. Il a le dos voûté, il se replie sur lui-même et il baisse la tête. Ses mouvements sont lents ou il reste immobile. Son visage pâlit et se fige dans une expression portant les marques évidentes d'une grande souffrance : les commissures de ses lèvres s'affaissent, il plisse le front et fronce les sourcils. Ses yeux sont grands ouverts et il a le regard fixe. Il parle très peu, par monosyllabes et d'une voix atone, gémit ou pleure. Son système immunitaire s'affaiblit et il contracte facilement des rhumes, des grippes ou d'autres maladies infectieuses. Il souffre de douleurs musculaires, de courbatures, de lombalgies, de nausées et de troubles digestifs. Son pouls et sa tension artérielle sont perturbés, ses réflexes diminuent. La personne déprimée n'a plus d'intérêt pour la sexualité et, souvent, les femmes n'ont plus leurs règles.

Pour le déprimé, la vie ne présente plus aucun attrait. Il ne parvient pas à envisager une amélioration de son état et croit ne jamais pouvoir guérir. Il perçoit son passé comme un échec, le présent lui est insupportable et l'avenir lui paraît inéluctablement tragique. La dégradation de sa perception de lui-même et du monde atteint un point de non-retour. Sa douleur mentale est si forte qu'il ne voit alors d'autre issue que la mort. La mort se met à l'obséder, ce qui se manifeste par une peur terrifiante et la certitude d'être atteint d'une maladie incurable et mortelle, ou par des idées suicidaires.

Dans tous les cas, la douleur mentale est intolérable.

Sur le plan clinique, il est difficile de diagnostiquer la manie ou l'hypomanie, car, en général, l'individu se présente au médecin en période de dépression. Le diagnostic de maladie bipolaire n'est alors pas posé et le patient se voit prescrire des antidépresseurs, ce qui n'est pas le traitement approprié.

Il existe aussi une troisième forme de maladie sournoise, qui consiste en l'association chez un même individu des deux polarités en même temps. C'est la forme mixte, avec survenue des deux expressions de la maladie. Le diagnostic est alors particulièrement difficile à poser. Pour le faire, on recherche la « cyclicité », soit la répétition de formes dépressives précédées de formes d'exaltation. Cette « cyclicité » peut parfois être rapide et intervenir une fois par mois, par semaine ou même au cours de la même journée. Certains individus changent d'humeur dans l'heure.

Jusqu'à il n'y a pas si longtemps, on pensait que la maladie bipolaire atteignait les adultes jeunes, dès l'âge de dix-huit ans, comme la schizophrénie. Cependant, aujourd'hui, les pédopsychiatres reconnaissent l'apparition de la maladie bipolaire chez les enfants, et un tiers des maniaco-dépressifs pensent que leur maladie a débuté dans l'enfance. On attribue souvent à tort aux enfants un déficit de l'attention, alors qu'en réalité il s'agit de trouble bipolaire, car celui-ci s'accompagne de « distractibilité ». La distractibilité n'est pas un trouble de l'attention, mais elle donne le change, car sur le plan fonctionnel elle opère comme tel. L'agitation, l'accélération de la pensée font que les maniaco-dépressifs souffrent de « distractibilité ».

Il existe souvent un délai très long entre l'âge auquel se manifestent les premiers symptômes et le diagnostic du trouble bipolaire. Dans certains cas, ce délai est de dix ans ou plus et, dans la plupart d'entre eux, trois psychiatres au minimum sont consultés avant la pose du diagnostic.

Plus de quatre cent millions de personnes sont atteintes de maladie mentale dans le monde. Elles représentent 11 % de l'ensemble des malades et devraient atteindre 15 % d'ici 2020, d'après une étude de l'OMS, ce qui classe les maladies mentales au troisième rang de toutes les maladies. Ces maladies ne sont pourtant toujours pas suffisamment prises en compte. Il est difficile de donner un chiffre exact de la prévalence (c'est-à-dire du pourcentage de gens atteints) de la maladie bipolaire dans la population. En effet, le nombre de gens diagnostiqués et traités est bien inférieur au nombre de gens malades. Cela s'explique par les difficultés qu'éprouvent la plupart d'entre eux à avouer une affection psychiatrique considérée à tort comme « honteuse » et à consulter pour ce motif ; cela s'explique aussi par le fait que le diagnostic n'est pas toujours porté par le médecin consulté. On estime cependant cette prévalence à environ 2 % de la population. À titre de comparaison, celle de la schizophrénie est de 1 %. Lorsqu'on soumet les gens à un questionnaire de validation qui leur permet de faire un autodiagnostic, la prévalence de la maladie bipolaire monte alors à 3,7 %. En outre, il existe une forme non spécifique de trouble bipolaire dans laquelle tous les critères ne sont pas réunis ; seuls deux ou trois sont présents. Cette forme est beaucoup plus fréquente. Elle peut aussi entraîner une morbidité importante et des troubles fonctionnels graves. Si on accepte une définition plus large de la maladie qui inclut cette forme, alors sa prévalence atteint 4,4 %.

Le risque de cette maladie est universel et la prévalence de la maladie est égale entre les hommes et les femmes. Elle semble identique, quel que soit le groupe racial ou l'origine géographique. Cependant, elle est peut-être moins reconnue chez les non-Blancs, chez qui on pose plus volontiers le diagnostic de schizophrénie.

D'autre part, sa prévalence est plus faible chez les Asiatiques. On peut expliquer cela du fait que leur culture favorise la timidité, le retrait, la modestie. De plus, il semble que la consommation d'acides gras oméga-3 diminue le risque d'être atteint de maladie bipolaire. Les Asiatiques mangent beaucoup de poisson, riche en oméga-3, ce qui explique peut-être pourquoi la prévalence de la maladie est inférieure chez eux.

On trouve cette affection plus fréquemment chez les sujets appartenant aux niveaux socio-économiques les plus élevés, sans qu'on puisse savoir s'il s'agit d'une cause ou d'une conséquence de la maladie. Habituellement, le maniaco-dépressif est un homme ou une femme qui travaille, possède un niveau de scolarité élevé, se situe en haut de l'échelle sociale et fait preuve d'une bonne adaptation sociale. Cependant, on trouve aussi des malades à tous les échelons de la société.

Il apparaît que le trouble bipolaire est en augmentation parmi les générations nées après 1940. De nombreuses interprétations de ce phénomène ont été proposées sans qu'aucune ne soit véritablement satisfaisante.

Les causes exactes de la maniaco-dépression sont peu connues. Actuellement, on pense qu'elle est pluridéterminée, c'est-à-dire que plusieurs facteurs doivent intervenir pour qu'elle se déclenche. Les facteurs les plus couramment avancés se trouvent d'abord dans l'histoire familiale. Mais on ne parle plus de « transmission » génétique, on utilise plutôt le terme plus nuancé de « vulnérabilité » génétique. On constate que les individus dont un parent du premier degré (père, mère, fratrie) est atteint de maladie bipolaire ont un risque de la contracter cinq à dix fois supérieur à celui de la population générale. En outre, les membres de la famille d'individus affectés de maladie bipolaire courent un risque important de souffrir de dépression.

Il existe également des causes biologiques, sous forme d'une altération de certains systèmes touchant à la neurotransmission cérébrale. Sur le plan biochimique, certains chercheurs considèrent que le trouble bipolaire résulte d'un dysfonctionnement du cerveau. Toutefois, cela n'a jamais été prouvé. Le fait d'augmenter la sérotonine chez un patient pour qu'il soit moins déprimé n'a jamais prouvé que les déprimés manquaient de sérotonine.

Puis, on relève des facteurs individuels qui ont empêché la personne, au cours de son enfance et de son adolescence, d'acquérir une juste appréhension de sa valeur, ce qui a entraîné une fragilisation psychique conduisant à la maladie.

Enfin, certains facteurs de risque environnementaux ont été décrits. Un certain nombre d'événements stressants ont pu précipiter chacun des accès, comme les situations diminuant l'estime de soi ou les expériences traumatisantes. Les causes extérieures se manifestent souvent en cascade, les unes entretenant les autres, s'accumulant et se conjuguant pour entraîner la maladie. La personne qui en est victime se sent minée, maudite, croit voir sa vie s'effondrer inexorablement comme un château de cartes. Il est très difficile de quantifier l'influence des événements qui sont de l'ordre de la subjectivité et n'ont pas les mêmes répercussions d'un individu à l'autre.

La saisonnalité de la naissance – les enfants nés en hiver ou au printemps seraient plus sujets à la maladie – peut compter. La grossesse, les complications obstétricales, les dépressions post-partum, avec les bouleversements psychologiques et hormonaux qui les accompagnent, comportent un risque d'évolution de la maladie bipolaire. D'autres facteurs de risque se trouvent dans les lésions cérébrales obstétricales, les traumatismes cérébraux, ou encore dans certaines maladies neurologiques comme la sclérose en plaques ou l'épilepsie, qui doublent les risques d'être atteint de maladie bipolaire.

Il est à noter cependant qu'en psychiatrie on s'interroge peu sur les causes ou les raisons de la maladie, sur ce qu'on appelle l'« étiologie ». En médecine générale, dans la plupart des cas, on découvre une explication physiopathologique du dysfonctionnement de l'organe touché par une affection. Ce n'est pas le cas en psychiatrie où les traitements s'attachent essentiellement à soigner les symptômes.

Pour finir, il faut souligner que la maladie bipolaire est associée à une morbidité significative. Elle commence lorsque l'individu est jeune et dure toute la vie. Le malade souffre de troubles fonctionnels sur les plans professionnel, relationnel, conjugal. Il vit souvent un ou des divorces. Il accumule les échecs, les licenciements. En raison de sa chronicité et de la répétition des épisodes dépressifs, cette maladie s'accompagne d'un risque de suicide important avant que le diagnostic soit posé. Comme l'énergie durant les périodes maniaques est socialement acceptée, la maladie demande du temps pour être décelée, souvent entre dix et quinze ans. Entre les épisodes dépressifs francs, l'individu traverse des sous-épisodes dépressifs dans lesquels il n'atteint pas le seuil requis pour tomber dans une véritable dépression, mais le taux de stress nécessaire à la dépression suivante devient de plus en plus léger au fil du temps et, brutalement, le malade plonge.

Les traitements de la maladie bipolaire sont médicamenteux et psychothérapeutiques. On sait que cette maladie est cyclique, aussi, il est important de prévenir les rechutes en utilisant un arsenal pharmacologique qui comprend des stabilisateurs et régulateurs de l'humeur, comme le lithium ou la lamotrigine, des anticonvulsivants et des antipsychotiques.

Le lithium est la forme la plus légère des éléments métalliques existants. On en trouve dans les plantes ainsi que dans les tissus animaux et humains. Son effet calmant a été découvert par accident. Il est le médicament le plus connu et le plus souvent prescrit. Il ne provoque pas d'accoutumance ni de dépendance et il n'est donc pas nécessaire d'augmenter les doses. Un grand nombre de maniaco-dépressifs réagissent positivement au lithium, mais celui-ci ne guérit pas la maladie. Il a des effets curatifs sur les symptômes de manie et des effets préventifs contre une rechute. Mais il demande plusieurs jours, voire plusieurs semaines avant d'agir. Pour être efficace, il doit atteindre une certaine proportion dans le sang. Si celle-ci est trop élevée, le médicament peut causer un empoisonnement et si elle est trop faible, il n'a pas d'effet. Le traitement par le lithium exige donc des analyses sanguines fréquentes afin de vérifier son niveau dans le sang. Il présente plusieurs contre-indications importantes, dans les cas de grossesse, de troubles cardiaques ou rénaux, etc. Il peut causer un certain nombre d'effets secondaires désagréables, dont le tremblement des mains, une augmentation de la soif et du besoin d'uriner, une prise de poids, un mauvais goût de métal dans la bouche et une perte de la mémoire à court terme.

Le Tégrétol, le Dépamide et le Dépakote sont d'autres régulateurs de l'humeur qui remplacent parfois le lithium dans le cas où celui-ci est contre-indiqué ou mal supporté, et ils conviennent également mieux aux malades dont les cycles sont plus rapides.

La lamotrigine et le clonazépam sont des anticonvulsivants. Ils sont issus de la recherche sur les médicaments antiépileptiques. Leurs effets secondaires sont des étourdissements, de la somnolence, des nausées et une certaine confusion mentale.

Les médicaments antipsychotiques ou neuroleptiques influent sur le système nerveux. Ils calment les crises de manie plus rapidement que les régulateurs de l'humeur et sont donc utilisés en attendant que ces derniers agissent. Ils protègent le malade contre les actes violents, impulsifs ou suicidaires et lui permettent de dormir. Leurs effets secondaires sont la constipation, la vue brouillée, la somnolence et la sécheresse de la bouche.

La plupart des rechutes de la maniaco-dépression sont dues à l'arrêt du traitement préventif. Parmi toutes les difficultés inhérentes à cette maladie, c'est probablement la plus grande. La lassitude de prendre les médicaments et l'agacement devant les effets secondaires pénibles, ajoutés au fait que le malade se sente mieux en phase de rémission et puisse se croire guéri, expliquent en partie ces arrêts soudains qui mènent le plus souvent à la rechute au bout de quelques semaines ou de quelques mois.

C'est pourquoi il est indispensable d'associer à la prise en charge médicamenteuse une psychothérapie pour que le malade comprenne ce qu'est sa maladie, en reconnaisse les signes avant-coureurs, comme la réduction du sommeil – même s'il s'agit d'une heure seulement – sans ressentir de fatigue, et le type d'attitudes qu'engendre la maladie : « Rien ne m'arrivera, j'ai de la chance, je me relève toujours », etc. Avec le psychothérapeute, le malade identifie quels éléments provoquent les troubles ou les entretiennent et apprend comment les modifier ou s'en éloigner. Le travail verbal permet au patient d'atténuer son angoisse et de mieux comprendre les circonstances dans lesquelles sont apparus les accès. À défaut de guérir la maladie – le malade doit en effet en accepter la chronicité et faire le deuil d'une guérison définitive –, il peut la maîtriser. La maladie peut cesser d'être la plus forte.

Épilogue

Dimanche soir. Je suis en crise. Je vais claquer la porte de la maison. Je n'en peux plus de Daniel. Je le crois responsable de tous les maux de ma vie.

Encore une fois, je suis théâtrale, dramatique. Diva sans opéra. Scandalisée sans scandale. Malade. Maudite. Folle.

Soudain, je me rends compte que ma petite Dahlia me regarde. Et alors, l'incroyable se produit. En un éclair, je me projette en elle, je m'incarne dans son corps. J'ai son âge. Je ressens son angoisse. On va m'abandonner.

Mais c'est moi qui l'abandonne…

Comment décrire ce moment? Je suis à la fois la petite fille et l'adulte, en face d'elle, qui va partir. Et je me dis, pour la première fois de ma vie, ces deux mots décisifs:

– Ça suffit.

Je ne veux pas faire vivre ça à ma fille. Je me souviens de tous les abus dont j'ai été victime, abus psychologiques, sexuels et physiques, et je veux que le *pattern* se brise. Je veux que ça se termine. Il faut que je la protège, non seulement de la maladie, mais aussi de tous ces abus. Il faut que je sauve ma peau et celle de mes enfants.

Dahlia, sans le savoir bien sûr, a tiré une balle dans mon cœur. Et je crois que ce fut le déclenchement d'une guérison. Quand je lui ai raconté cela, mon médecin m'a dit:

– Vous sauvez l'enfant en vous à travers cette enfant.

Ce dimanche soir, mon enfant a sauvé mon enfance.

***

Ce livre fut pour moi extrêmement libérateur. Tout au long de sa rédaction, il m'est arrivé de faire quelques crises, et même de subir des hospitalisations, mais j'ai toujours su, malgré les moments intenses de découragement, les fous rires et les moments de tristesse, que je parviendrais à le terminer. Et le terminer est pour moi déjà un signe que je vais beaucoup mieux. Je suis fière de moi, sans grandiloquence, et en toute humilité.

Mon nom est Varda Camille Etienne et je suis bipolaire. Si je rencontrais Daniel aujourd'hui, je ne lui présenterais pas ma maladie comme une carte de visite. Je lui dirais peut-être, en riant :

– Je m'appelle Varda Etienne. Mais je me soigne.

Je prends maintenant mes médicaments régulièrement. Il m'a fallu plus de vingt ans avant de parvenir à le faire. Mon plus grand espoir aujourd'hui est de pouvoir dire un jour à ceux qui en auront besoin :

– Je m'appelle Varda Etienne. Et je peux vous aider.

Bibliographie

Gay, Dr C. et J.-A. Génermont. *Vivre avec des hauts et des bas*, Paris, Hachette, 2002.

Hardy-Baylé, M.-C. et P. Hardy. *Maniaco-dépressif, Histoire de Pierre*, Paris, Éditions Odile Jacob, 2005.

Tawil, S.-P. *Le miroir de Janus*, Paris, Robert Laffont, 2002.

Thériault, C. et L. Chamberlain-Thériault. *Les hauts et les bas de la maniaco-dépression*, Montréal, Leméac, 1994.

Association Revivre : *www.***revivre***.org*

La production du titre *Maudite folle!* sur 3 267 lb de papier Rolland Enviro100 Édition plutôt que sur du papier vierge aide l'environnement des façons suivantes :

Arbres sauvés : 28
Évite la production de déchets solides de 800 kg
Réduit la quantité d'eau utilisée de 75 716 L
Réduit les matières en suspension dans l'eau de 5,1 kg
Réduit les émissions atmosphériques de 1 758 kg
Réduit la consommation de gaz naturel de 114 m^3

Marquis imprimeur inc.

Québec, Canada
2009